都心から行ける

日帰り古墳

関東1都6県の古墳と古墳群102

関東にも、スゴイ！楽しい！
古墳がわんさかある。
感動の古墳旅へ出かけよう！

２０１９年７月、国内最大の仁徳天皇陵古墳をはじめとする百舌鳥《もず》・古市《ふるいち》古墳群《こふんぐん》の世界遺産登録が決定しました。
でも、古墳は関西だけのものではありません。
北海道と沖縄をのぞく全国各地に大小の古墳がたくさんありますが、
その数、なんと約16万基！といわれています。そう、日本は古墳王国なのです。

関東にももちろん、スゴイ古墳がわんさかあります。

古墳時代、関東つまり東国には、力を持つクニが数多くあり、ヤマト王権の人々は、東国を重要地域と考えていました。

東西で人やモノや文化が活発に交流し、古墳の築造技術もどんどん広がって、
関東各地に個性的で魅力的な古墳がたくさん造られました。

古墳は東西がともに手を携えて、日本という国をひとつにするためのシンボルでもあったのです。

さて、どんな古墳があるかといえば…、

●東京タワーのご近所古墳
●埼玉の国宝が出土したお宝古墳
●千葉のラブラブ♡ペア古墳
●神奈川の古代アートな古墳
●群馬のタイムスリップできる古墳と大迫力の石室
●黄門様が発掘した栃木の古墳
●茨城のエキゾチック＆ミステリアス古墳

などなど…。

これはまだまだほんの一部。
関東１都６県から、選りすぐりの、楽しい、面白い、カッコいい、ミステリアス、美形＆ハンサム系など、１０２の古墳と古墳群を一挙に紹介しましょう。

東京

TOKYO

大都会でがんばる古墳たち

世田谷区の住宅地に突如現れる野《の》毛《げ》大塚《おおつか》古墳（右／P34）や
東京タワーにほど近い芝丸山《しばまるやま》古墳（左／P26）など、
都市開発にもめげず、健気にがんばる古墳が都内にも多く点在する。

埼玉

SAITAMA

なにはともあれ、国宝級古墳です!

埼玉代表といえばなんといっても埼玉《さきたま》古墳群（P48）だろう。
9基の古墳が展開するダイナミックな風景は見応え十分!
その中心はまちがいなく「金錯銘鉄剣《きんさくめいてっけん》」が見つかった稲荷山《いなりやま》古墳だ。

千葉
CHIBA

幸せそうなラブラブ♡ペア古墳

木々に囲まれてひっそり佇む殿塚《とのづか》古墳（右／P78）。そのすぐ横に、少し小さめで愛らしい姫塚《ひめづか》古墳（左／P79）が寄り添っている。2基の古墳は、まるで仲の良い夫婦か恋人？と思いたくなる。

神奈川

KANAGAWA

そのセンスに脱帽! 古代アートな古墳

神奈川には非常に横穴墓《よこあなぼ》が多い。たれこ谷戸西横穴墓群《やとにしよこあなぼぐん》（右／P106）では、石室内天井にまるで巨大なあばら骨のような筋彫りがあり、アーティスティックな空間美は見事。また、桜土手《さくらどて》古墳群の復元古墳、1号墳（左／P102）の美しい石積みも印象的だ。

群馬
GUNMA

圧巻! 堂々たる古墳キングダム!

綿貫観音山《わたぬきかんのんやま》古墳（P114）など雄大な古墳をはじめ、
小さいけれど立派な石室を持つ古墳など、その魅力が尽きることがない古墳の王国。
見事な出来栄えの埴輪クオリティにも舌を巻くはずだ。

栃木

TOCHIGI

侍と縁深き古墳あり

上侍塚《かみさむらいづか》古墳（右／P158）と下侍塚《しもさむらいづか》古墳（左／P158）は
その名の通り、侍のようなカッコよさがある。
また前方後円墳という呼び名の生みの親は、栃木出身の蒲生君平《がもうくんぺい》だ。

史跡下侍塚古墳

茨城

IBARAKI

超個性的!な装飾古墳、ここにあり

古墳時代、水運は重要で、霞ヶ浦がある茨城は早くから発展していたといえる。
華やかな装飾古墳、虎塚《とらづか》古墳（右／P170）や
雄大な舟塚山《ふなつかやま》古墳（左／P180）など見応えのある古墳が多い。

さあ、古墳を巡ろう！
1都6県の凄腕ナビゲーター、
〝古墳7《ナナ》レンジャー〟参上！

関東1都6県の古墳を案内してくれたのは、古墳を愛する古墳のプロフェッショナルたち。地元ならではの古墳情報も盛りだくさん。7人の凄腕ナビゲーターとともに、関東の古墳にGO！

●東京エリア ナビゲーター
世田谷区教育委員会事務局
文化財係 学芸員
寺田良喜《てらだよしき》さん

高校時代から歴史好き。大学時代、中国の陵墓（りょうぼ）や群墓（ぐんぼ）の研究をするうちに自国の古墳に興味を持ち始めた。世田谷区の野毛大塚古墳の発掘時には大いに活躍し、古墳の保存にも貢献した。じつは幼い頃暮らしていた和歌山の実家の敷地内になんと古墳群があったという古墳の申し子でもある。

●千葉エリア ナビゲーター
千葉県立房総のむら
主任上席研究員
白井久美子《しらいくみこ》さん

高校2年のときに歴史にはまり、大学4年のとき、古墳にたどり着く。本格的に古墳の発掘を始めたのは、千葉県で文化財調査の仕事を始めてから。その後は迷うことなく、地下に眠る豪族の墓の調査に明け暮れた。龍角寺古墳群の浅間山古墳で、飛鳥時代の金銀の冠飾に出会い、変革の時代の息吹を感じたという。

●埼玉エリア ナビゲーター
埼玉県立さきたま史跡の博物館
主任学芸員
山田琴子《やまだことこ》さん

大学時代に考古学を専攻。最初の発掘現場が古墳時代の集落遺跡だったことから、古墳の面白さにはまっていった。鉄製の武具が専門。畿内（きない）から伝わった土木技術や設計ルールをだんだん自由に解釈して古墳を築造しているあたりが関東の古墳の面白さなのだとか。

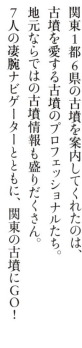

●群馬エリア ナビゲーター

群馬県立歴史博物館
専門調査官

徳江秀夫《とくえひでお》さん

綿貫観音山（わたぬきかんのんやま）古墳の近くで育った徳江さん。50年前、小学生のときに、この古墳の現地説明会に参加したという。大学で考古学を研究し、群馬県埋蔵文化財調査センターで長年勤務。慣れ親しんだ綿貫観音山古墳のすぐ近くで古墳の仕事に携わっているという羨ましい環境の古墳専門家だ。

●神奈川エリア ナビゲーター

かながわ考古学財団
調査研究部 部長

柏木善治《かしわぎぜんじ》さん

大学時代、大分県・古宮（ふるみや）古墳に興味を持って、恩師の教えで九州の古墳と遥か遠く離れた畿内との関係性を知り、その不思議さに惹かれていったという柏木さん。古代の人々の死後の世界への思い、葬送の意識を研究のテーマにしており、古墳の精神世界の魅力を深く掘り下げてくれる。

●茨城エリア ナビゲーター

ひたちなか市埋蔵文化財
調査センター 文化課係長

稲田健一《いなだけんいち》さん

もし虎塚（とらづか）古墳が発掘されてなかったら、たぶんこの仕事はしていなかったという稲田さん。小学校5年生のときに虎塚古墳の石室を見学し、雷に打たれたかのような衝撃を受けた。虎塚古墳を守るように、今もすぐ近くで研究調査に明け暮れる。まさに現代の墓守、生涯古墳一筋の人。

●栃木エリア ナビゲーター

栃木県埋蔵文化財センター
副主幹兼調査課長

篠原祐一《しのはらゆういち》さん

小学4年で『古事記』、5年で『古墳の設計』という本を読んだところからスタートし、大学では古代の祭祀を専攻。石製祭具や勾玉の専門家。世界遺産である宗像・沖ノ島の委託研究員も務め、何度か島にも渡る。学問を究めるため神主にもなる。古墳時代の祭祀の話を聞いていると眼前にそのシーンがありありと蘇ってくる。

古墳ライター 郡 麻江《こおり まえ》

京都在住。関西から関東に参上。世界遺産に登録が決定した百舌鳥・古市古墳群の人気ガイドブック『ザ・古墳群～百舌鳥と古市 全89基』（140B）ではすべての古墳を巡り、愛を込めて執筆。自他共に認める古墳ラヴァー。

カメラマン 阪口 克《さかぐちかつみ》

埼玉在住。奈良出身で生家は宝来山（ほうらいさん）古墳（垂仁〈すいにん〉天皇陵）のすぐ近く。DIY好きが高じて自宅を日曜大工で建築。古墳石室の石積みを自宅の庭造りに応用できないか検討中。近著に『家をセルフでビルドしたい』（文藝春秋）ほか。

目次

データの見方
- 古墳のかたち
- 古墳の大きさ（前方後円墳・前方後方墳・帆立貝形古墳は墳丘長、円墳は直径、方墳は一辺の長さ）
- 築造時期
- 所在地
- 史跡指定の種類

時期の表記について
古墳時代の時期の分け方は諸説あるが、この本ではおおよそ、以下の通りに分けている。
前期：3世紀中頃～4世紀
中期：5世紀
後期：6世紀
終末期：7世紀

本文中の価格について
博物館や展示施設などへの入館料は、大人（一般）料金を記載（税込価格）。

TOKYO

東京の古墳

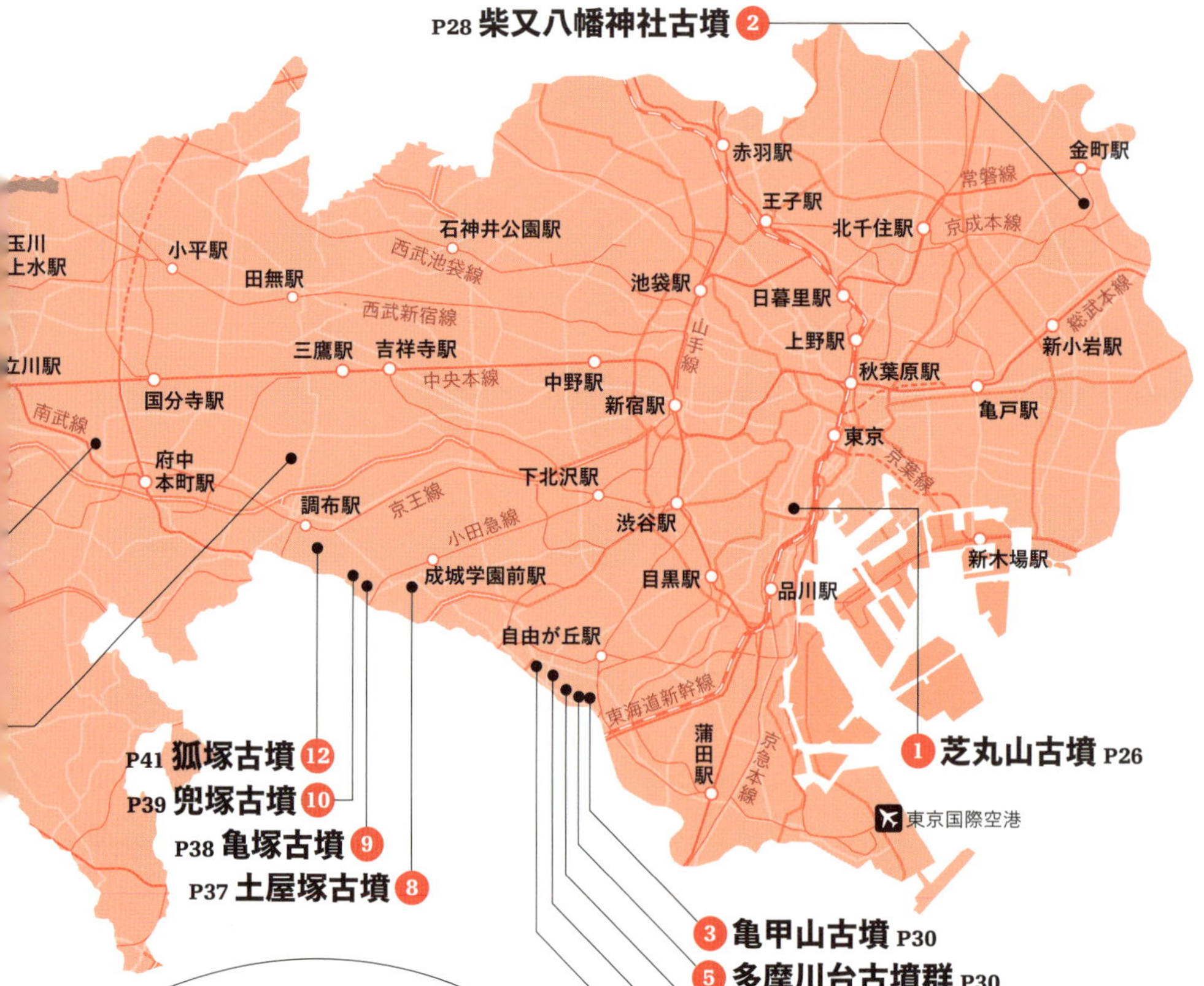

古墳の面白さは、なんといっても、
日本という国の成り立ちが見えてくること。
西へ東へ、人や文化のダイナミックな移動、
権力者の台頭、覇権の移り変わりなど、
古墳はほんとうにいろいろなことを
語りかけてきてくれて、
興味が尽きることがありません。
出土品にも「寅さん埴輪」のニックネームを
持つユニークな埴輪などがありますよ。

東京タワーの近くにも、郊外にも、大都会・東京には数多くの古墳があるんです！

おすすめ1日コース

- **東急東横線多摩川駅**
- 4分
- **亀甲山古墳**（くびれを要チェック！）
- 1分
- **多摩川台公園古墳展示室**
- 1分
- **多摩川台古墳群**（散策がてらゆっくり歩こう）
- 1分
- **宝萊山古墳**
- 30分
- **御岳山古墳**
- 10分
- **野毛大塚古墳**（フレンドリー古墳の代表格！）
- 10分
- **東急大井町線等々力駅**

首都・東京で健気にがんばる古墳がたくさんあります！

東京に古墳があると聞くと、たいがいの人は不思議そうな顔をするんですが、驚くなかれ、全長100mを超す大きな古墳が東京タワーのほぼ足元にあったりするんですよ。さらに都内の他のエリアにも立派な古墳がたくさん残っています。江戸時代どころか、もっと遡って、縄文、弥生、そして古墳時代にも多くの人々がこの地で暮らし、多くの古墳が今も都内に点在していて、そのかたちも前方後円墳、円墳の古墳群、上円下方墳などじつにバラエティも豊かです。都心エリア、城南エリア、多摩東部エリアに分けて、東京の古墳をご紹介しましょう。まずは身近なエリアの古墳から訪ねてみてください。大都会のあちこちで、古代人の息吹をきっと感じることができるはずです。

東京エリア ナビゲーター
世田谷区教育委員会
寺田良喜《てらだよしき》さん

古代の〝働きマン〟たちが築造

1 芝丸山古墳

しばまるやまこふん

こんもりとした小山か森にしか見えないが、大都会と古墳とタワーという異色のコラボを体感できる場所。

全国にタワーというものは数多くあれど、東京タワーはやはりシュッとしてカッコいい。などと、感慨に浸っている場合ではなく、じつはその足元に古墳が静かに眠っているのだ。

大都会の真ん中に豊かに緑広がる芝公園。その一角に横たわるのが、東京を代表する大古墳、芝丸山古墳である。古墳はそもそも、その大きさをさらに実感させるべく、平地ではなく丘陵や尾根の上などに築造されることが多いが、この古墳も東京の低地から1段高い、武蔵野台地が東京湾に向かって突き出た東の端に築造されている。

全長125mの、東京ではもっとも大きな前方後円墳である。近づくと小山がグッと盛り上がるような高さで迫ってくる。

「おお、墳丘《ふんきゅう》らしきものが！」と興奮して鼻息荒く登ろうとすると、「ふふ、そこはまだ古墳ではないですよ」とナビゲーターの寺田良喜さんにクールに諭される。

階段を上るとしばらくして、ようやく前

近づくとなんとなく「くびれ」がわかる。

芝丸山古墳

- ●前方後円墳●墳丘長125m
- ●3世紀末～4世紀
- ●港区芝公園4丁目●都指定史跡

大阪府堺市の仁徳天皇陵古墳（大仙古墳）より早い築造。墳頂に伊能忠敬の石碑、くびれに近いあたりに稲荷神社がある。

方後円墳のくびれらしきものが見えてきた。

「この古墳は、周りの土を掘って盛り上げて増築したものではなく、そもそもここに小山か丘があり、それを削って、前方後円のかたちに整えたのではないか？と考えられています」

なるほど自然な高さを利用するとは、なかなか合理的で効率がいい。さすが大都会の古墳だ。

「周溝の痕跡がないことがその根拠で、周溝を造ったのであれば、掘り下げた分、関東ロームの黒土が、下層のほうにあるはずなんです。ところが、地層を見てみると自然な地層のままで、つまりは、人工的に掘り下げてはいないと考えられるんです」

ふーむ、やはり合理的だ。古墳が西から伝播するにつれ、いろいろな工法、技術、アイデアが生まれてきたのだろう。

人は、創意工夫して進化する生き物だ。古代から日本人は緻密で器用で、日々切磋琢磨する仕事人間だったにちがいない。すぐそばの交差点を忙しげに歩く働き者のビジネスマンたちの姿に、古代の人々が重なって見えた。

柴又といえば、すぐに思い浮かぶのは、『男はつらいよ』の寅さんだが、この地にも古墳はあった。「あった」というのは、今はその墳丘を見ることができないからだ。
まずは古墳があった場所を訪ねてみよう。柴又八幡神社。木々に囲まれて、昼間も静かな神社である。その社殿の下に立派な横穴式石室が隠れているのだ。
「昭和40年代の社殿改築工事を挟んで、現在まで何度かの発掘が行われました。その結果、横穴式石室の石材が残されており、周溝に沿って並べられた下総型埴輪が発掘されたんです。古くからこの地と千葉県北部との間に交流があったこともわかりますね」
下総型埴輪とは千葉県の北部一帯に見られる埴輪で、人物の目は細く、切れ長にくり抜かれているのが特徴的だという。とにか

姿かたちは見えずとも、ここに古墳あり

❷ 柴又八幡神社古墳

しばまたはちまんじんじゃこふん

なかなか立派な神社。この奥にも古墳があるのだ。

く、その出土した下総型埴輪が凄い。男女の埴輪が見つかったのだが、男性埴輪はなんとツバ付きの帽子をかぶっていたのだ。

「巷では〝寅さん埴輪〟というニックネームがついたようですよ（笑）」

もちろん学術的に正しくはないけれど、寅さんのお膝元の柴又で、帽子をかぶった埴輪が見つかったこと自体、なかなか心憎いではないか。となれば、その埴輪に会いたい！ということで、「葛飾区郷土と天文の博物館」をさっそく訪ねることにした。

2階の一角に、あるある！　埴輪がずらりと並んでいてなかなか壮観だ。

頭部だけだが、〝寅さん〟はすぐわかった。鼻が高く、なかなかクールな顔立ちである。

「寅さん」(右)、「さくらさん」(左)というニックネームがついた埴輪。

「埴輪にも県民性のようなものがあるんですよ。群馬は美系でちょっときつめな感じ、埼玉は柔らかい感じ、この下総型はすっとした端正な感じがしますよね」

女性のほうは、髪を島田髷《まげ》に結って、こちらも耳環や首飾りをつけている。寺田さんによると登り窯以前の窖《あな》窯で焼いたそうだが、細やかな表現描写に優れたセンスと技術を感じさせる。

ほかにも馬や円筒埴輪、須恵器《すえき》などが多数、出土しており、このあたりを治めていた有力者の墓とみられている。

もう一度、〝寅さん埴輪〟を振り返ってみた。女性埴輪に比べて、どこか憂いを含んだ表情だ。古墳時代から、男はなかなかつらかったのかもしれない。ここでもがんばってほしい。

本殿の下に立派な石室が眠っている。

柴又八幡神社古墳

- 前方後円墳
- 墳丘長20〜30m（推定）
- 6世紀後半〜7世紀初め
- 葛飾区柴又3丁目
- 区指定史跡

東京の低地に残る数少ない古墳のひとつ。東京の低地は古くから洪水や浸水などの被害が多く、自然の脅威によって破壊された古墳も多いという。

葛飾の歴史と文化に触れる

葛飾区郷土と天文の博物館

かつしかくきょうどとてんもんのはくぶつかん

正倉院文書にある養老5（721）年の「下総国葛飾郡大島郷戸籍」にも登場する葛飾の地は長い間農村地帯として発展してきた。古墳時代の展示も含め、郷土「かつしか」の自然と歴史を学ぶ郷土展示室、宇宙や天体に親しむ最新技術を駆使したプラネタリウム、天体観測室などの設備を併せ持った博物館。

●葛飾区白鳥3-25-1　☎03-3838-1101
入館料／大人100円　開館時間／火〜木・日曜・祝日9:00〜17:00、金・土曜（祝日を除く）9:00〜19:00　休館／月曜（祝日の場合は開館）、第2・4火曜（祝日の場合は開館し、その直後の平日は休館）、年末年始　※1/2・3は12:00〜17:00開館

亀甲山古墳はこの地を治めた一族の、おそらく宝萊山古墳の次世代の首長の墳墓と考えられている。葺石（ふきいし）や埴輪などは発掘されていない。隣接する水生植物園からは古墳の後円部を見ることができる。

誇り高き一族の古墳たち

3 亀甲山古墳《かめのこやまこふん》

4 宝萊山古墳《ほうらいさんこふん》

5 多摩川台古墳群《たまがわだいこふんぐん》

東急東横線の多摩川駅を降りると、お屋敷街が目の前に現れる。建築雑誌に出てきそうな素敵な邸宅を眺めつつ、割と急な坂を上がる。

「ここは多摩川台地のへりになっていてすぐ下に多摩川が流れ、反対側は谷になっています。その間の細長い尾根にたくさんの古墳が並んでいます」

古墳はその姿をさらに大きく見せるために高台に築造されることが多いが、ここもまたそうなのだろう。上りきると木々に囲まれた公園に出る。かなり細長い公園だ。

もっとも駅に近いのが亀甲山古墳だ。亀

のようなかたちからこの名がついたらしい。見晴台に立つと、なかなかの高台の上にいることがわかる。眼下には多摩川がゆったりと流れ、遥か向こうには武蔵小杉や二子玉川の高層ビルが並んでいる。

振り返れば、亀甲山古墳の横を近所の人が犬を散歩させていたり、女子学生がベンチでおしゃべりをしていたり、ここが地域の住民の憩いの場となっているのがわかる。

そんな静かな公園に、ひっそりと、点々と、古墳が並んでいる。亀甲山古墳のすぐ隣にあるのが、多摩川台古墳群の1号墳だ。1号墳のみがおそらく前方後円墳で、2号墳から8号墳までが円墳。その向こうに前方後円墳の宝萊山古墳がある。亀甲山古墳と宝萊山古墳に挟まれるように古墳群が展開しているのだ。

「旧8号墳といわれているものがあるんですがここは詳しい調査の結果、古墳でないことがわかって、9号墳が繰り上がって、現8号墳になったんですよ」

繰り上げ当選ということでもないけれど、研究と調査のヒストリーが垣間見えて、なかなか面白い。

寺田さんの後をついていくと、次から次へぽこん、ぽこんと古墳が現れ、じつに楽しい。最後に訪れた宝萊山は墳丘が崩れ、小高い築山のようにしか見えないが、ここには昔、フランク・ロイド・ライト設計の邸宅が立っていたそうだ。古墳の上に立つお屋敷、そこでの暮らしはどんなものだったのだろう。

宝萊山古墳はこの細尾根の古墳の中でもっとも古くに築造されていて、当時の南武

宝萊山古墳は宅地造成のときに切り崩され、後円部から粘土槨（ねんどかく／木棺）が露出した。緊急調査の結果、四獣鏡（しじゅうきょう）や勾玉、鉄剣などの副葬品が出土した。これらの出土品からヤマト王権との繋がりが深い人物が埋葬されたことがわかっている。

1号墳

2号墳

3号墳

4号墳

5号墳

6号墳

7号墳

8号墳

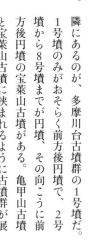

このあたりは見晴らしも良く、古代から景勝地として好まれていたという。

蔵の荏原《えばら》郡一帯を治めていた首長一族の初代の墳墓ではないかといわれている。2代目が亀甲山古墳の被葬者で、その後、円墳が次々と築造されるものの、サイズが小さくなっていく。

「最初はかなりの力を持っていた一族が、だんだん別の勢力が台頭して、力が弱まっていったのでは？」と寺田さんは推測する。

一説によると、前方後円墳を造るには、ヤマト王権（P189）からの許しが必要だったともいわれ、だんだんと円墳に変わっていったのは、前方後円墳の許可を得るほどの力がなくなっていったからなのかもしれない。

栄枯盛衰。古墳時代にもうつろいがあったのだな。新興勢力が現れては、旧勢力が衰えていく。そしてまた、何代か先に力を盛り返したり、その繰り返しで、人の営みは続いていく。

首長たちは生存中に、自分が治めた土地を見晴るかす場所に古墳の築造場所を決めたらしい。俺が治めた土地。生きた証を見下ろしながら永遠の眠りにつく。今はビルや家々が立ち並んでいるが、それでも、この高台から見る眺望は、彼らが見た景色と繋がるものがあるはずだ。

古代の首長になったような壮大な気分で車に戻ると、駐車料金がセレブな街にふさわしく、なかなかのお値段で、現実に引き戻されてしまった。駅近なので、ここにはぜひ、電車でゴーをおすすめする。

亀甲山古墳

●前方後円墳●墳丘長107m●4世紀後半
●大田区田園調布1丁目●国指定史跡

宝萊山古墳

●前方後円墳●墳丘長97m●4世紀前半
●大田区田園調布1丁目●都指定史跡

多摩川台古墳群

1号墳
●前方後円墳?●墳丘長39m●6世紀前半
2〜8号墳
●円墳●6世紀前半〜7世紀前半の間に順次、築造
●大田区田園調布1丁目●都指定史跡

一帯は、細い尾根が北西から南東に向かって延びており、亀甲山古墳がもっとも南東に、宝萊山古墳がもっとも北西に位置している。その間に多摩川台古墳群の1号墳から8号墳までが並ぶ。

レプリカ展示がかなりリアル！

多摩川台公園古墳展示室

たまがわだいこうえんこふんてんじしつ

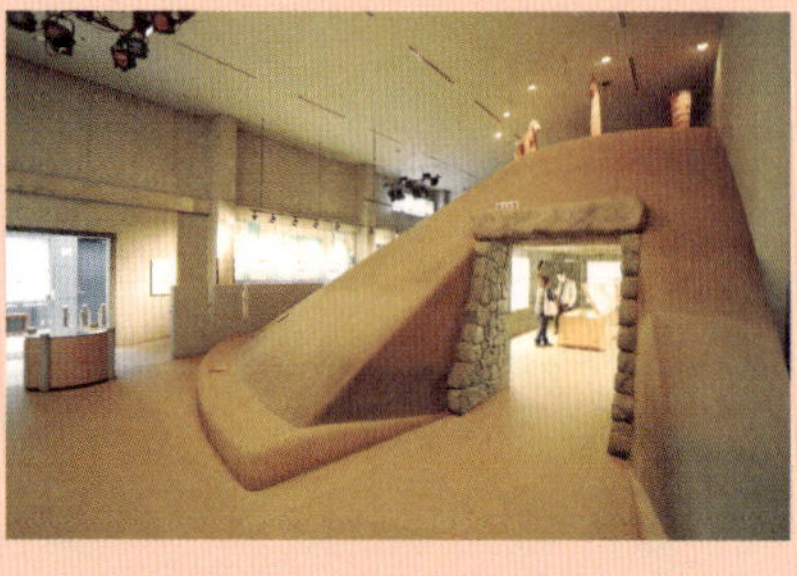

多摩川台公園の入り口にある古墳展示室内には、ほぼ4世紀から7世紀にかけて造られた古墳という巨大な墓がレプリカで再現されている。現在の古墳の姿と比べるのも面白い。棺の中に眠る人物や横穴式石室などのレプリカ、説明パネルなど見応えがある。ぽこぽこ並ぶ古墳群を散策しながら、タイムスリップが楽しめる。

●大田区田園調布1-63-1
✆03-3721-1951
入館料／無料
開館時間／9:00〜16:30（入館は〜16:00）
休館／月曜（祝日の場合は開室）、年末年始、臨時休館日

密やかに武人が眠る
⑥ 御岳山古墳
みたけさんこふん

車が行き来する目黒通りに面した一角に、ぽこっと緑の盛り上がりを見せるのが、御岳山古墳だ。

「僕は帆立貝形古墳ではないかと考えています」と寺田さん。今は、通りの向かいにある等々力不動尊というお寺が管理しており、通常は公開していない。今回、特別に中に入れてもらった。中は鬱蒼と木々が茂り、わりと急な石段が続いている。そこを登っていくにつれ、あたりは森閑として、すぐ近くに都会の幹線道路が走っているとはとても思えない。

墳頂には祠があって蔵王権現《ざおうごんげん》が祀られている。古墳の上には神社や寺が建立されることが多く、その地の人々の信仰の対象となることで聖域として守られているものが多いが、この古墳も宅地開発の波を生き残ったのは信仰の場所となったからだろう。昭和25（1950）年、学習院高等科史学研究部による調査が行われ、粘土槨から鉄剣や鉄の鏃《やじり》、短甲などが、周囲からは円筒埴輪が出土した。

「前方後円墳の被葬者がその地を治めた王族の首長とすれば、この帆立貝形古墳に眠る人物は、王に従属する人の墓と考えられますね」

軍事を担う、たくましくて素敵な武人が眠っていたのかも？ 目黒通りの向かい側からよく見えるので、そんな妄想を楽しみながら、古墳を眺めるのもいい。

階段を登って墳頂へ。石仏が点在している。

御岳山古墳
- 帆立貝形古墳
- 墳丘長57m
- 5世紀中頃
- 世田谷区 等々力1丁目
- 都指定史跡

鏡のふちに7つの鈴がついた「七鈴鏡（しちれいきょう）」や、矢を入れる胡禄（ころく）が出土。鈴鏡は上毛野国（群馬県）に多く、地域同士の交流が見て取れる。

10mの高さを持つ古墳は東京では珍しく、とにかく高さを感じさせる古墳だ。後円部には階段が設置され、墳頂まで登ることができる。見晴らしが良く、光が灯り始める夕暮れ時の景色がとくに美しい。

地域密着型フレンドリー古墳

7 野毛大塚古墳《のげおおつかこふん》

墳頂から見える景色もなかなかのもの。街を見下ろす感が爽快だ。

古墳が見えてくる前から子どもたちの歓声が聞こえてきた。おお、小山にバランスよく木々が植えられ、とても姿の良い古墳ではないか。頂上に子どもたちの姿が見え隠れして、一目で好きになってしまった。

野毛大塚古墳。ここはナビゲーターの寺田さん自身が発掘調査に加わり、保存運動にも関わった思い入れの深い古墳だ。

「多摩川に沿って少し下流に多摩川台古墳群（P30）が築造されて、続いて5世紀の初めにこの古墳が突如築造され、その後、御岳山古墳（P33）から狛江市の古墳へ、西へと古墳築造が続いていったようです」

この古墳は、最初、円墳と考えられていたが、昭和63（1988）年の調査で、前方部があることがわかり、帆立貝形古墳ということが判明した。さらにその後の調査で造出し《つくりだし》（P189）もついており、多摩川の川原石を使った葺石《ふきいし》で覆われていたことなどもわかった。

さらに、さらに後円部に第1から第4までの4基の埋葬施設が発掘されたのだ。

「早い段階で第2主体部から箱形の石棺が見つかっていましたが、おそらく何代かにわたって追葬されていったのでしょう」

副葬品も銅鏡や石製模造品、勾玉・管玉などの玉類、鉄刀・鉄剣・鉄鉾・鉄鏃などの武器や甲冑類の武具などかなりの種類、数が出土したという。

「帆立貝形という古墳のかたちや副葬品からもここの被葬者の一族は畿内《きない》（P189）、つまりヤマト王権との繋がりが深かったと考えられますね」

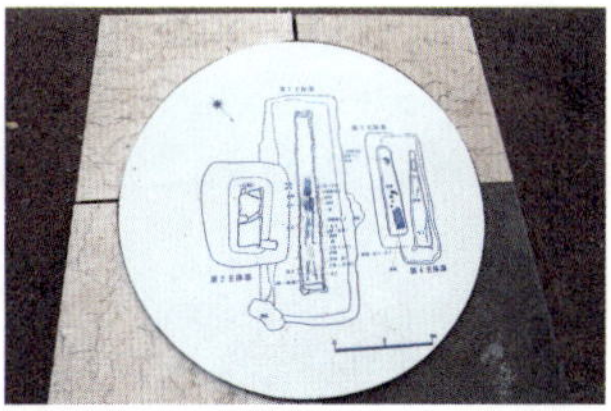
主体部の関係がよくわかる。

5世紀になって突然、この地に古墳が現れたのは、多摩川台古墳群の一族からの覇権の移り変わりがあったのだろうか。

「それはおおいにあり得ます」

どのように台頭していったかはわからないが野毛大塚に優れた指導者が現れ、多摩川流域一帯を手中に収めていったのだろう。

興味深いのは4基の埋葬施設だ。一体どんな人が眠っていたのか。墳頂に登るとこれらの埋葬施設をタイルで表現していて、位置関係が非常にわかりやすい。

まず西暦400年頃に、第1主体部に最初の被葬者が埋葬された。その10年後に2人目が第3主体部に、さらに3人目が第2主体部の石棺の中に、そして第4主体部に、1人目から50年後に4人目が埋葬されたと考えられるそうだ。

「1人目と2人目は甲冑と一緒に埋葬されているので、この2人が王位を継承した首長だったことの証だと考えられます」

では3人目は女性？

「いや女性ではなく、たとえば若くして亡くなった世継ぎだった可能性がありますよね」

おお、美しくか弱いプリンスだった可能性があるかもしれない。では4人目は？

「副葬品として剣と槍が1本ずつあったので、武器が少ない場合は女性という説もあり、もしかするとこちらは位の高い女性だったかもしれません」

なるほど美しきプリンセスの可能性も？当時の人々の寿命がどれぐらいあったのかはわからないけれど、だいたい50年ほどの間に、この一族にとって重要な4人の人物がここに埋葬されたわけだ。こうして人の存在が見えてくると、古墳は途端に生き生きとした物語を紡ぎ出す。そこに確かに人が生きて、その地を治め、一族の力を守り、権力を継承していきたいと願うのだ。

そんな感慨をよそに、子どもたちは元気に古墳に駆け登り、前方部のあたりで駆け回る。

人々の明るい笑い声に包まれて、古墳もそれを喜んでいるようにも見える。

大事なことを忘れずに書いておこう。ここからは非常に珍しい埴輪が発掘されている。造出しのみに置かれていた楕円の円筒埴輪で、王冠のようなギザギザを持つ不思議な埴輪だ。「柵形埴輪」という名前は、何を隠そう寺田さんが命名したものなのだ。筆者が偉いわけでは全くないのだが、ちょっと鼻高々な気分になる。この古墳の石棺のレプリカが世田谷区立郷土資料館に展示されているので、ぜひそちらにも立ち寄ってほしい。

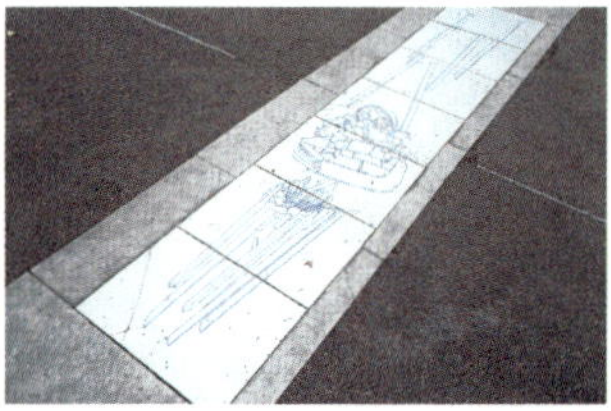

墳頂にはタイルで発掘当時の様子が描かれていて、イメージしやすい。

野毛大塚古墳

- 帆立貝形古墳
- 墳丘長82m
- 5世紀初め
- 世田谷区野毛1丁目
- 都指定史跡
- 出土品は国重要文化財

玉川野毛町公園の一角に復元され、お弁当を持っていきたいような楽しい古墳。ただし古墳保全のために立ち入り禁止エリアには絶対に入らないように!

野毛大塚の石棺を実感!

世田谷区立郷土資料館

せたがやくりつきょうどしりょうかん

昭和39（1964）年9月10日に開館した都内最初の公立地域博物館。設計は建築家・前川國男氏によるもの。野毛大塚古墳の第2主体部の箱形石棺のレプリカや古墳に関する資料などを展示。実物大で精密に複製したもので見応えがある。現物は、房州石と呼ばれる千葉県産の海成砂岩を加工した板石で造られており、古墳に保存されている。

●世田谷区世田谷1-29-18　☎03-3429-4237

入館料／無料

開館時間／9:00～17:00（入館は～16:30）

休館／月曜、国民の祝日（月曜の場合は翌火曜も休館）、年末年始

マンション隣接の和み系

⑧ 土屋塚古墳《つちやづかこふん》

小雨降る狛江の町中に建築中のマンション。マンションの築山かな?とつい通り過ぎてしまいそうになったのがこの古墳だ。よく見れば確かに築山にしては大きい。

「狛江は昔、狛江百塚といわれていたほど古墳がたくさんあったんですが、今では13基しか残っていなくて、その貴重な古墳のひとつなんです」

このあたり一帯にポコポコと直径30〜40mほどの古墳があるそうだが、面白いことにそのどれもがサイズ感が同じで、突出して大きな古墳はないそうだ。おそらく畿内の河内地方から馬飼集団がこの地に入植したのではないだろうかと寺田さんは推測する。ここは低地の台地で多摩川も近く、水も豊富にあったため、牧草地にしやすかったようだ。

「僕は狛江の狛は、駒だと思うんですよ」

あ、確かにコマ＝駒であってもおかしくはない。当時、馬は大変貴重で、権力のシンボルだったそうだ。だから埴輪にも馬がよく登場するのだろう。馬を育て、飼い慣らす技術を持った集団は大陸系が多かったというが、遠く畿内から東国にやってきて、牧草地にふさわしい土地を選んで、ここに暮らし、円墳を造った人たちとは、どんな人たちだったんだろう。互いに勢力争いをしていては、異国である、倭の国で生きていくことは難しい。だから互いに拮抗しつつも、協力しあって、この地に根付いていったのだろうか。それがサイズ感に差がない、ポコポコ円墳を生み出したのかもしれない。争いを好まないピースフルな古墳に親しみを覚えた。

土屋塚古墳

- 円墳
- 直径40m
- 5世紀後半
- 狛江市岩戸南1丁目
- 市指定史跡
- 出土品は国重要文化財

古墳の周りに円筒埴輪が並べられていたが、透し彫りが四角いタイプと丸いタイプが混在しており、これは大変珍しいそうだ。申し訳程度の小さな造出しもある。

敷地内に鳥居が立っている。

異国から来た貴人の墓？

9 亀塚古墳《かめづかこふん》

ところどころに畑が残り、旧家の農家のお屋敷などが点在する狛江市の静かな町並みを歩いていたら、「はい、こっち」と寺田さんが家と家の間の小さな小道をずんずん入っていく。え、入っていいの？と思いながら後をついていくと小さな塚のようなものが突然現れた。これ、古墳ですか？

「はい。今は墳丘が削られていますが、狛江ではもっとも大きな古墳だったんですよ」

戦後間もなく、土取り工事で後円部がかなり削られてしまったという。

「ここには木炭槨の埋葬施設が2つあって、珍しい副葬品が出土しているんです」

神人歌舞画像鏡《しんじんかぶがぞうきょう》という鏡はヤマト王権との強い繋がりがあったことを示しているそうだ。さらに、馬具や服などにつけたと思われる金銅製の服飾品には、ペガサスや龍などエキゾチックな文様が彫られていた。

大陸の人でしょうか？

「おそらく…。はっきりとはしませんが…」

古墳に墓碑はなく、被葬者が誰か？ということも出土品などの調査などで推測していくほかない。文字が残っていないので確たる証拠はないからこそ、筆者のような素人でもイメージをたくましく膨らませることができる。

キラキラと着飾り、当時の最先端のファッションに身を包んだ背の高い騎士的な人物、などという妄想も、自分だけで妄想する分にはOK。もし新たな出土品が出れば、画期的な新説も出てくるかもしれないが、それまでの間は、ワクワクしながら、楽しいイメージで古墳を味わうべし。これが古墳探訪の最高の楽しみなのだから。

近くには案内の小さな看板がある。

亀塚古墳

- 帆立貝形古墳
- 5世紀末～6世紀初め
- 狛江市元和泉1丁目

現在は前方部の一部が残るのみ。墳頂には徳富蘇峰（とくとみそほう）の揮毫（きごう）による石碑が立っている。

ハンサム系美古墳

⑩ 兜塚古墳《かぶとづかこふん》

　久しぶりに古墳らしい古墳に出会った気がする。都会の古墳の宿命で削り取られている古墳が多い中、ここは自然なかたちで古墳が残されているようで安心する。しかも墳丘に登れる！ 木が鬱蒼と茂って、古墳というより小高い丘に登っていく感じだ。

「ここは土屋塚古墳（P37）と同じように直径40mほどの大型の円墳です。周溝もあったようでしかも小さな造出しがあったかもしれないんです」

　円筒埴輪を中心に埴輪が出土しているそうだが、関東の古墳はさまざまな土地からの埴輪が出土する。埴輪の生産地としては埼玉県の生出塚《おいねづか》埴輪《はにわ》窯《かま》が有名だが、群馬からきた埴輪も多いそうだ。

　どうやって窯元に発注していたんだろう？とつい現代の感覚で考えてしまう。

「おそらく馬に乗って行き来していた連絡係のような人がいたのでしょうね。上毛《かみつけ》野《ぬ》（群馬県）とも繋がりを持つ武蔵の国のトップに願い出て、埴輪の発注をしていたのかもしれません」

　今度、首長のお葬式があるから、いついつまでに円筒埴輪を何本よろしく、みたいな？

「ですです。しかしこの古墳からの出土品はよくわかっていなくて、亀塚古墳（P38）のほうが凄いんですけどね」

　確かに、亀塚古墳の出土品は豪華だが、今の姿はちょっと痛々しくて切ない。こちらは墳丘が綺麗に残り、なかなか美古墳である。男性的なイメージがあるので、亀塚古墳の被葬者より身分は下かもしれないけれど、ハンサムな一族の幹部が眠っていたのかもしれない（あくまで妄想です）。

古墳の横を宅配バイクが横切る。

兜塚古墳

- 円墳
- 直径41m
- 6世紀初め
- 狛江市中和泉3丁目
- 都指定史跡

周りに柵があるが、扉を開けて中に入ることができる。帰りは扉をきちんと閉めて、マナーを守って古墳見学をしたい。

宇宙的ロマンに満ちた孤高の古墳

⑪ 三鷹市天文台構内古墳《みたかしてんもんだいこうないこふん》

三鷹市にある国立天文台は、日本の天文学研究の総本山である。入り口でチェックを受けて案内の方について歩いていくと、ちょっと秘密の重要基地に入っていくような緊張感がある。と思ったら、左手にこんもりと古墳が見えてきた。この敷地内はとても自然豊かで、深い森のような雰囲気がある。その中にぽっかりと浮かぶように見える古墳は、ちょっと小惑星のようにも思えてくる。

「この古墳は上円下方墳といわれていますが、私は円墳だと考えています」

なるほど、その理由は？

「この古墳の周りには上円下方墳特有の段が見られないですし、円墳の周りの周溝が四角いだけで古墳自体は円墳でいいと思うんです」

なるほど、なるほど。古墳の世界は文字による記録がほとんどないので、これで決まり！という学説が定まりにくいという。最近の発掘調査で川原石を使った横穴式石室が確認された。

「終末期の古墳と考えられていますが、石室の中のご遺体が横たわる玄室が丸いかたちをしているんです。これは北武蔵（埼玉県）の特徴のひとつで、北武蔵と関係の深い人の墓ではないかと考えられますね」

この古墳からは首の長いフラスコ型の須恵器が出土していて、静岡県の湖西古窯でつくられたものではないかといわれている。ほとんど壊れずに残っていたそうで、写真を見ると白っぽくとても美しい。

天文台の構内に、ぽっかりと浮かぶように佇み、綺麗なフラスコ型の須恵器を抱いていた古墳。天空と繋がるロマンを感じる。

天文台構内にひそやかに佇む。

三鷹市
天文台構内古墳

- 円墳（または上円下方墳？）
- 直径18m
- 7世紀後半
- 三鷹市大沢2丁目

天文台は、予約なしで見学できる（年末年始をのぞく10:00～17:00）。古墳の保護のため、古墳には近寄ることはできないが、道路から遠巻きに眺めることができる。マナーを守って見学を。

ペッタンコですが立派な古墳

⑫ 狐塚古墳

きつねづかこふん

静かな住宅地の真ん中に、公園のような空間が現れる。丸い花壇のようなものがあるこの敷地全体がなんと円墳だという。

「このあたりは下布田《しもふだ》古墳群といって17基の古墳が確認されていますが、そのうち、今でも残る円墳です。古墳の最終時期、7世紀初めの築造で、古墳群の中で唯一、石室を持っている古墳なんですよ」

古墳の直径は44m。古墳群の中でも極めて大きいサイズだ。なかなか偉い人だったにちがいない。

「調布という地名からもわかるように、この地域では麻布の生産が盛んでした。5世紀初めに麻を扱う人々が畿内から入植し、その末裔がこのあたりの古墳群の被葬者ではないかと考えられています」

ヤマト王権の命を受けたのだろうか。麻を植え、織って、晒して麻布に仕立てる。そんな技術集団がやがて力を持っていったのだろう。仲間の古墳がどんどん消える中、自らも墳丘がほとんど削られてしまった姿がなんとも切ない。が、よくぞ、今まで残っていてくれたといいたわりたくなるような古墳である。

狐塚古墳

- 円墳
- 直径44m
- 7世紀初め
- 調布市布田6丁目
- 都指定史跡

大刀や刀子（とおす）というナイフ状のものが出土している。近くには上布田（かみふだ）古墳群、飛田給（とびたきゅう）古墳群などがある。

地域の出土品を豊富に展示

調布市郷土博物館

ちょうふしきょうどはくぶつかん

館内に入ると地元出身の近藤勇の像が出迎えてくれる。館内には市内の遺跡出土の土器や石器などの考古資料、江戸時代の古文書、古写真などを収蔵。2階展示室では下布田古墳群をはじめ、近隣の古墳群からの土器などの出土品を展示している。とくに土師器（はじき）の脚付短頸壺（きゃくつきたんけいこ）という脚付の壺はぜひ見ておきたい。

●調布市小島町3-26-2
✆042-481-7656
入館料／無料
開館時間／9:00～16:00
休館／月曜（祝日の場合は翌日）、年末年始、館内整理日モダンな感覚の被葬者が眠る？

13 武蔵府中熊野神社古墳《むさしふちゅうくまのじんじゃこふん》

石でできたUFOのような姿はちょっと忘れがたい印象。非常に精巧な設計図をもとに築造されたと考えられている。

自動車の往来が激しい甲州街道に面した熊野神社は、境内に足を踏み入れると古式ゆかしい雰囲気が漂う。と、いきなり本殿の向こうに、ものすごい存在感を放つ古墳が現れた。

丸い！　そしてよく見ると下は四角い！　墳丘全面が銀灰色の石で覆われて、上部がこんもりと膨らんで、まるでUFOみたいだ。なんと全国的にも珍しい上円下方墳ではないか！

「昔は古墳じゃないのでは？といわれていたんですが、掘ってみたら古墳じゃないどころか、上円下方墳だ！ということが判明して、大変な騒ぎになったんですよ（笑）」

それは、そうでしょうとも！　前方後円墳よりももっと不思議度がアップして、まるで異星人が造ったとしか思えないフォルムに思わず、感動を覚える。

「全体が川原石で覆われていて、上

境内はひっそりと静かな空気が流れている。

神社と古墳が一体となった不思議な空間。

面は貼り石、側面は葺石と呼ばれています。下から四角、四角、円の三段築成で2段目の南側に石室が造られていました。中には漆を塗った木棺と、さらに絹の片が見つかっています」

絹がかぶせられたお棺とは、なんて素敵な！一体どんな被葬者だったのだろう。

「漆で塗り固めるのは、奈良の飛鳥地方で最上級の埋葬法なんです。7世紀中頃の築造と考えられていますので、都があった飛鳥との関係が深い人物だったと考えられますね」

このあたりは武蔵国の国府が置かれた場所に近い。ということはヤマトからやってきた官僚だった可能性は？

「うーん、それはどうでしょう。国府ができる直前の築造なので、やはり地元の有力者だったでしょうね」

この古墳の築造からあまり時をおかずに、近くに国府が置かれ、古代の幹線道路である東山道《とうさんどう》武蔵路《むさしみち》がこのあたりを通ったことを考えると、このエリアは南武蔵の中でも重要な地域であり、その地を治めていた相当、力のある人物だったのだろう。

石室からは銀象嵌鞘尻金具《ぎんぞうがんさやじりかなぐ》が出土している。併設の展示館で見たレプリカは、七曜《しちよう》文《もん》という7つの円の模様が描かれ、モダンで非常に美しいデザインだ。珍しい墳形といい、洒落た出土品といい、新しもの好きでハイセンスでダンディな首長が眠っていたのかもしれない。

武蔵府中
熊野神社古墳

- ●上円下方墳
- ●下段方形部 一辺32m、上円部直径16m
- ●7世紀中頃
- ●府中市西府町2-9
- ●国指定史跡

最下段方墳の一辺は32mで上円部の2倍、2段目の方墳の一辺は23mで上円部がすっぽり収まる正方形の対角線とほぼ同じ長さになっている。

原寸大の石室体験もできる!

国史跡武蔵府中熊野神社古墳展示館

くにしせきむさしふちゅうくまのじんじゃこふんてんじかん

武蔵府中熊野神社古墳に隣接するガイダンス施設では、古墳の発掘の模様や詳細を表した解説パネルや鞘尻（さやじり）金具のレプリカ、古墳に使われている石材などが展示されている。また原寸大に復元した石室復元展示室では石室体験ができる。珍しい上円下方墳というかたちで、新たな律令制の直前に築造されたこの古墳の謎に迫りたくなる。

●府中市西府町2-9　☎042-368-0320
入館料／無料　開館時間／9:00～17:00(4/1～10/31)、10:00～16:00(11/1～3/31)
休館／月曜(祝日・振替休日に当たる場合は直後の平日)、年末年始、臨時休館日

KOFUN MORE in TOKYO

古墳のあとにちょっと寄り道〜東京〜

写真提供:(公財)東京観光財団

深大寺《じんだいじ》

緑深き豊かな自然に癒されて

東日本最古の国宝仏を祀る調布市の古刹、「深大寺」は、豊かな緑に囲まれ、厄除けや縁結びの寺として古くから信仰を集めている。清らかな湧き水に恵まれて古くからそばづくりが盛んで、深大寺そばとしてよく知られている。

●調布市深大寺元町5-15-1

浅草寺雷門《せんそうじかみなりもん》

東京観光の定番中の定番スポット

浅草寺の総門で「雷門」と書かれた赤い大提灯はまさしく浅草のシンボル。現在の門は昭和35(1960)年、松下電器産業(現パナソニック)の創業者、松下幸之助氏より寄進されたもの。仲見世通りの散策もぜひ。

●台東区浅草2-3-1

もんじゃ焼き

これぞ東京下町のソウルフード!

「文字焼き」をルーツとする「もんじゃ焼き」は、東京の下町食文化の代表格。月島の「もんじゃストリート」には、もんじゃ焼きの店がずらりと軒を並べる。店自慢の味があるので、お気に入りの一軒を見つけてみて。

●中央区月島

古墳ってなんだろう?

古墳とは「墓」である。

でも、私たちが見慣れた〝お墓〟とはちがって、土を盛って墳丘のある、かなり大きな墓を指す。

古代、日本の中心といわれたヤマト王権の大王をはじめ、地方の豪族の首長など、一般人ではなく、その地域でかなり大きな権力を持った人たちの墓なのである。

古墳の多くは台地や丘陵の上に高く土を盛り上げて築造されている。大きな古墳をさらに、高く、大きく見せるためだという。

それはなぜか? まず自分が支配するエリアに対しては、支配力を誇示するためだったという。そうすることで一族の繁栄を守ろうとしたのだろう。また、古墳時代には海運や河川の水運が発達し、人の移動が活発に行われていた。他のエリアから来る人々に対して、〝この土地にはこれだけの力を持つリーダーがいるのだ〟ということを示す目的もあったかもしれない。

古墳には謎が多い。たとえば、どんな人物が埋葬されていたのか?とか、どうしてこんなかたちなのか?とか、埴輪の持つ意味など、古墳については、じつはよくわかっていないことが多いのだ。

わかっていないからこそ、面白い。ロマンがある。勝手な妄想を広げてもいい、のだと思う。古墳を楽しむには、まず身近な古墳を訪ねてみてほしい。その大きさやスケールを感じたり、墳丘に登ったり、石室に入ったり、埴輪などの出土品を見学したりするうちに、古墳をもっと知りたいと思えるはずだ。

全国各地にさまざまな古墳があって、どの古墳も独特のキャラクターを持っている。古墳の楽しみは尽きることがない。

※古墳は「基」(き)で数える。

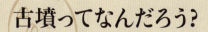

ITAMA

埼玉の古墳

一見、地味に見えますが、凄いお宝古墳があるんです！

古墳の調査をしていると、当時政治の中心だったヤマト王権に憧れを持っていた東日本の人たちが、さまざまな工夫を凝らしていることがわかるので、自分たちにもこんなに立派な古墳が造れるんだぞ!っていう気概を感じるような気がします。埼玉には個性的な古墳が多く、どの古墳も当時の人たちががんばって造ったんだなあと思うととても感慨深いです。

●埼玉エリア ナビゲーター
埼玉県立
さきたま史跡の博物館
山田《やまだ》琴子《ことこ》さん

SA

おすすめ1日コース

- 東北自動車道羽生IC
  - 🚗 15分
- 永明寺古墳
  - 🚗 25分
- 小見真観寺古墳
  - 🚗 10分
- 八幡山古墳（東の石舞台古墳!）
  - 🚗 10分
- 行田市郷土博物館
  - 🚗 10分
- 埼玉古墳群（登ったり下りたり、いろんな古墳を楽しもう!）
- 埼玉県立さきたま史跡の博物館（国宝に出会える!）
  - 🚗 30分
- 関越自動車道 東松山IC

古墳ファンなら誰しもが一度は実物を見たい「金錯銘鉄剣」。

古くから「北武蔵」と呼ばれた埼玉県は利根川や荒川の流れによる肥沃な土地に恵まれ、また、こうした河川の水運を活用して発展を遂げてきました。古墳時代には、有力な支配者の下にこうした河川流域の開発が行われ、3世紀の終わり頃から前方後方墳が築造されるようになり、4世紀半ばから前方後円墳が登場してきました。古墳時代から強大な力を持っていた「上毛野」(群馬県)とは、利根川を挟んで隣同士という位置関係。遠くに群馬の山々を見晴るかすような古墳があれば、逆に上毛野からこちらに睨みを利かせるようにじっと佇む古墳もあって、なかなか興味深いものがあります。そして埼玉で忘れてはならないのが、世紀の大発見といわれる「金錯銘鉄《きんさくめいてつ》剣《けん》」(P48〜)の存在です。埼玉古墳群の稲荷山古墳から出土した、金色の115の文字が刻まれた国宝の鉄剣は必見。ぜひご覧くださいね。

とんでもないお宝が出土！
まさに国宝級古墳

とにかくここは凄い！

埼玉古墳群に足を踏み入れると、もう古墳好きは、遊園地に来た子どものようにワクワクして駆け出したくなってしまう。墳丘長１００ｍ級の大きな古墳がぎっしりと、次々と並んで現れてくる様子は壮大としかいいようがない。なんというスケール感だろう…！

まず、どこの古墳から行こうか？ 全古墳を制覇するぞ！ と鼻息が荒くなるが、「落ち着いていきましょう（笑）」と埼玉県のナビゲーター、山田さんに言われて、ようやく我に返る。

「このあたりは利根川と荒川に挟まれた大宮台地の一番北側の先端にあたります。東西６００ｍ、南北９００ｍぐらいの範囲の中に、１００ｍ級の前方後円墳が８基、円

これぞ、古墳のワンダーランド!!

14 埼玉古墳群《さきたまこふんぐん》

向かって左が丸墓山古墳、右が稲荷山古墳。古墳がゆったりのびのびと並んでとても気持ちがいい。

墳が1基の計9基が規則的に並んでいます。5世紀の後半に築造された稲荷山古墳から始まって、そこから7世紀のだいたい中頃にかけて、150年ぐらいの間に古墳が造り続けられてきましたが、さまざまな謎に満ちているんです」

　さして広くない範囲に大型古墳がぎゅっと並んで築造されていて、前方後円墳はすべて北側が後円部、南側が前方部で、すべて西側のみ造出しがある。そして必ず二重の周溝があるという。なぜ？どうして？なんのために？と、「？」が非常に多いのだ。

「稲荷山、二子山、鉄砲山のそれぞれの古墳が、埼玉古墳群の中でも中核となる古墳で、それ以外の古墳は、中核の古墳が直系の親子関係とすれば、親族のような関係性があるのかもしれません」

　いずれにしても埼玉エリアで相当の力を持った一族といえるだろう。

　すぐそこに見える墳丘に今すぐアタックしたい気持ちを抑えて、ここはまず、「埼玉県立さきたま史跡の博物館」（P55）からスタートしよう。博物館に入ると、身も心も引き寄せられるように一室を目指す。

埼玉古墳群

●行田市埼玉4834ほか

さきたま風土記の丘内のさきたま古墳公園内に、大型の前方後円墳8基、円墳1基が残されている。

辛亥年とは471年か531年、ワカタケルの大王とは雄略（ゆうりゃく）天皇と仮定することができる。武蔵の豪族だったヲワケという人物が雄略天皇に仕え、この剣を与えられ、故郷に持ち帰り自分の墓に埋葬させた…。ひとつの仮説だが歴史ロマンそのものが刻まれているようだ。

「国宝展示室」。

堂々とした一枚の看板が出迎えてくれる。全国に古墳関係のミュージアムは数あれど、「国宝展示室」を持つ館はそうそうないはず。この部屋の中心的存在が、全国の古墳ファンが、一度はその目で見たいと思うお宝、「金錯銘鉄剣」だ。百年に一度の世紀の大発見として日本を揺るがした剣が、静かに、今、まさに目の前で輝いている。

昭和43（1968）年の発掘調査で稲荷山古墳を調べることになったが、2つある埋葬施設の1つが未盗掘だった。そこで見つかった鉄剣が、その後、とんでもない展開をみせたのだ。発掘の10年後、保存処理を行うために奈良県の研究所に預けられたこの鉄剣の鉄錆を落としていたところ、キラリと金色に光る部分を発見した。エックス線をかけてみるとなんと115もの文字が浮かび上がったのだ。

「辛亥年《しんがいねん》七月中記」で始まる銘文のおおよその意味は、以下のようなことらしい。

まず辛亥の年の七月中に記したことを述べていて、オホヒコからヲワケに至る8代の系譜を説明している。代々、杖刀人《じょうとうじん》の首《しゅ》＝護衛官の長として大王家に仕えてきて、ワカタケル大王の朝廷がシキの宮にあったとき、ヲワケという人物がその補佐を務め、その記念としてこの刀剣を自分のためにつくらせたらしい。ちょっと自慢気な銘文から、ヲワケという人物は、まさしく故郷に錦を飾ったにちがいないと思えるし、墓碑というものがほぼない古墳時代に、文字の記録、それも人名が残されていたことで、この時代が急に色彩を帯びて、生き生きと蘇ってくるようだ。

稲荷山古墳 いなりやまこふん

この剣を実際に見た後に、稲荷山古墳に登ってみる。土取りのために失われていた前方部が現在は復元されており、墳丘長120mの大型古墳は、「金錯銘鉄剣」の持ち主にふさわしく、威風堂々としている。

墳頂に立つと、周りに彼の子孫かもしれぬ人々の墳墓がくっきりと見える。どれも立派だ。今、近くにヲワケがいれば、きっと胸を張って誇らし気な表情で、〝ここは誰の古墳、あそこは誰の古墳〟などと説明してくれそうな気がする。

稲荷山古墳
- 前方後円墳
- 墳丘長120m
- 5世紀後半
- 国指定史跡

埼玉古墳群の中で最初に築造された古墳。2基の主体部のうちの1つから、国宝の金錯銘鉄剣をはじめ、甲冑や馬具などの副葬品が出土した。この埋葬施設からの出土品はすべて国宝に指定されている。

近くには謎めく 2つのスター級古墳も

　稲荷山古墳の西側に小山のごとく、デンと構えているのが丸墓山古墳だ。頂上までどうぞ！とばかり、階段が設置されている。ルンルンと登っていくうちにちょっと息が切れてくるが、18mもの高さがあるのだ。

「このあたりは戦国時代、石田三成が忍城《おしじょう》を水攻めにするときの石田堤の跡といわれていて、古墳の頂上から三成がその様子を見ていた可能性もあるんです」

　歴史的にも重要で、直径105mと円墳としては国内最大級のスケールを誇る。なぜ、前方後円墳ではなく、円墳なのだろう？

「埋葬施設の発掘調査をしていないので、そのあたりはいろいろ謎なんです」

　墳頂に登るとじつに気持ちがいい。遠く、群馬県の榛名山まで見晴るかすことができる。すぐ近くの稲荷山古墳や将軍山古墳の全貌が手に取るように見えるのも嬉しい。登れるし、小山のようなフォルムもいい。親しみやすい古墳だ。

　丸墓山古墳から少し南にある大柄の古墳が、最大の墳丘長132mを誇る二子山古墳だ。稲荷山古墳、将軍山古墳、そしてこの二子山古墳のそれぞれの中堤《ちゅうてい》に造出しがある。

「この3つの古墳は群内でもとくに大きな古墳ですから、一族内で大きな力を持っていた人のための特別な祭祀が行われていたのかもしれません」

　スター級の古墳のみに造られた謎の造出し。うーむ、なかなかミステリアスだ。

丸墓山古墳《まるはかやまこふん》

二子山古墳《ふたごやまこふん》

丸墓山古墳

●円墳●直径105m
●6世紀初め●国指定史跡

古墳群内で2番目に築造。墳丘の高さは古墳群内で一番高く、墳丘に積まれた土の量は二子山古墳より多いという試算もある。

二子山古墳

●前方後円墳●墳丘長132m
●6世紀前半●国指定史跡

中堤が遊歩道になっていて、ぐるりと巡ると、大きなラクダがゆったりとくつろいでいるようにも見える。

将軍の名にふさわしく
リッチ感満載な古墳

緑に覆われた将軍山古墳に、円筒埴輪列が点々と並んでいる。テラコッタ色が鮮やかに映えて、なんとも生き生きとした古墳だ。

「この埴輪列は実際に発掘調査をして調べた間隔で並べているんですよ」

おお、当時の様子が蘇るようで嬉しくなる。ぐるりと回って併設の将軍山古墳展示館（P55）へ。1階正面にはどんと本物の墳丘の土層が展示されている。黒と黄色の土を交互に搗《つ》き固めて、強度を増したらしい。古墳時代の人々は知恵と技を結集して、巨大古墳の築造に奮闘し、土木技術を飛躍的に発展させたんだろうな。

この古墳からは相当な数の副葬品が出土している。豪華な馬具、鏡、環頭大刀《かんとうのたち》、銅《かな》鋺《まり》、そして多数の埴輪。なかなかリッチな被葬者のようだ。2階には1400年前の石室内部が復元されているが、ご本人のご遺体（もちろんレプリカ）と、副葬品が厳かに並べられているのを見ると、厳粛な気持ちになる。敬愛していた首長のご遺体の周りに、宝物を置いたのは一族なのか、高位の家来なのか。彼らはどんな思いで並べたのだろう。

さて、ここから出土したものに、くねくね曲がった不思議な品があった。

「蛇行《だこう》状鉄器といわれていたのですが、同じ行田市内の酒巻14号墳から出土した馬形埴輪の装飾から、ソケットのように差し込む、旗ざお金具だということがわかったんです」

異なる2つの古墳の出土品から、ひとつの謎が解けたということも興味深い。だから古墳は面白くてやめられない。

将軍山古墳 しょうぐんやまこふん

馬の背に旗ざおをつけるための金具。発掘時は用途がわからず「蛇行状鉄器」と呼ばれていた。

将軍山古墳
- 前方後円墳
- 墳丘長90m
- 6世紀後半
- 国指定史跡

この古墳は、墳丘の東側が削られていて、石室の一部が露出するなど崩壊の危機にあったが復元整備されている。貴重な遺物が数多く出土している。

瓦塚古墳 かわらづかこふん

豪華さと切なさと。多彩な古墳に出会う

　二子山古墳のすぐ南側に、瓦塚古墳と鉄砲山古墳が並んでいる。瓦塚古墳は円筒埴輪や家形埴輪、水鳥埴輪のほか、琴を弾く男や首飾りをつけた女などの人物埴輪が数多く発見された。墳丘長73mの前方後円墳だが、埴輪が並んでいた当時の様子は、壮観だっただろう。これらの埴輪は「埼玉県立さきたま史跡の博物館」（P55）に展示されているが、焼き色や人物埴輪の顔立ちや、意匠など、異なる雰囲気の埴輪が多い。

「埼玉県鴻巣《こうのす》市の生出塚埴輪窯跡や、埼玉県内の比企地方にある未確認の窯でつくられたものが混在しているようですね」

　もし埴輪市みたいなものが開かれていて、首長たちが好みの埴輪を選んでいたとしたら面白いな。そんな想像もなかなか楽しい。

　お隣の鉄砲山古墳はどことなくひっそりとした古墳だ。

「ここはちょっと悲しい古墳なんです」

　ペリーの黒船来航の折、忍藩《おしはん》では幕府の命を受けて、あろうことか、この古墳を標的にして砲術の訓練をしたという。宅地造成で潰された古墳など、切ない古墳は全国どこにでもあるが、大砲を撃ち込まれた古墳はそうないだろう。

　今はもう埋め戻されているが、なんと山田さんが発掘調査を担当したのだという。

「大変だったことも楽しかったことも、いろいろ思い出させてくれる古墳です」

　羨ましい限りだが、今も残っていてくれることがほんとうに嬉しい。ありがとう。

鉄砲山古墳 てっぽうやまこふん

瓦塚古墳

●前方後円墳●墳丘長73m
●6世紀前半●国指定史跡

数多くの埴輪が出土したが、円柱状の太い柱を表現した家形埴輪は全国的にも珍しい。

鉄砲山古墳

●前方後円墳●墳丘長107m
●6世紀後半●国指定史跡

群内で3番目の大きさの古墳。後円部の裾から土師器の高坏（たかつき）がまとまって発見された。

奥の山古墳《おくのやまこふん》

個性豊か！ 小さな古墳もお忘れなく！

古墳群の一番南側には、前方後円墳が2基、寄り添うように並んでいる。西側から奥の山古墳、そして中の山古墳である。立ち位置によって、ぽこんぽこんと小山が連なっているように見えて、なんだか可愛らしい。

「奥の山古墳からは子持ち壺といって、変わった須恵器が出土しているんです」

中の山古墳《なかのやまこふん》

看板の写真を見ると、なるほど、もこもこと壺と壺が合体したような不思議なかたちで、植物か動物のようにも見える。花を手向けるという習慣があったのか定かではないが、花の一輪挿しを幾方向にも挿して、花生けを楽しんだ巫女でもいたのだろうか。

この古墳の築造は6世紀の中頃というが、その頃のどんな陶工が、一体何を考えて、こんな須恵器をつくったのか、不思議でならない。

東隣の中の山古墳は、奥の山古墳とサイズ感がよく似ている。この古墳からは口がラッパのように開いて、一見、須恵器っぽく見える須恵質埴輪壺が出土している。こちらは7世紀初め頃、まさに前方後円墳の終末期の古墳で、古墳群の最後に築造されたという。

この2基から少し離れて二子山古墳の西隣にある愛宕山古墳は、古墳群の中でもっとも小さな前方後円墳だ。小さな古墳だが、他の前方後円墳と同じように立派な二重堀がぐるりと巡っている。円筒埴輪をはじめ、人物埴輪や貴人の傘と思われる蓋形埴輪《きぬがさがたはにわ》などが出土している。

「円筒埴輪も高さが40cmと小ぶりなサイズになっています」

稲荷山古墳から始まってこのあたり一帯を治めていた一族が、代々の墓を築いてきたわけだが、北側から南に移っていくにつれて、古墳のサイズが小さくなってくる。

愛宕山古墳《あたごやまこふん》

「単純に勢力が衰えたということではなく、時代的に古墳のサイズが落ちてくる傾向もあったと思います」

それでも公園の築山のように見えてしまう小さな前方後円墳はどこか健気だ。〝負けるなよ〟と思わず肩を叩きたくなる。

すべての古墳を巡って、もう一度、古墳群を振り返ってみる。一体どんな勢力を持った一族がここを墓域に定めたのだろう。

さえぎるもののない青空の下、古墳が悠々と佇んでいる。ここはなんだか、晴れ晴れとした気分になれる場所だ。

奥の山古墳

●前方後円墳●墳丘長66m●6世紀中頃●国指定史跡

後円部西側の造出し周辺から子持ち壺のほか、人物や動物の埴輪が出土した。

中の山古墳

●前方後円墳●墳丘長79m●7世紀初め●国指定史跡

かつて石棺が出土したことから、唐櫃山古墳（かろうとやまこふん）とも呼ばれている。

愛宕山古墳

●前方後円墳●墳丘長54m●6世紀前半●国指定史跡

墳丘には木が生い茂り、ところどころに石仏が祀られている。

あの国宝の
ホンモノに出会える!

埼玉県立さきたま史跡の博物館

さいたまけんりつさきたま
しせきのはくぶつかん

埼玉古墳群を中心に整備された「さきたま風土記の丘」内にある博物館。国宝展示室は必見で、国宝金錯銘鉄剣をはじめ、稲荷山古墳から出土したヒスイの勾玉や鏡、将軍山古墳から出土した蛇行状鉄器など、超一級の資料が展示されている。ほかに企画展示室では、さまざまなテーマ展が開催されている。

●行田市埼玉4834
☎048-559-1111　入館料／大人200円　開館時間／9:00～16:30（入館は～16:00）　※7/1~8/31 9:00～17:00（入館は～16:30）
休館／月曜（祝日、振替休日、埼玉県民の日〈11/14〉を除く）、年末年始

上／国宝展示室は時間をかけて、一つひとつの展示品をじっくりと見てほしい。
左／稲荷山古墳や将軍山古墳以外にも埼玉古墳群内の古墳から出土した埴輪などの遺物を多彩に展示している。

分館の「将軍山古墳展示館」が、将軍山古墳に併設されており、石室の公開や古墳の説明を行っている。副葬品の実物は本館に展示されている。

石室内の復元コーナーではご遺体とその周りの副葬品を復元している。当時の様子がリアルに蘇ってくるようだ。

石舞台に隠された謎

⑮ 八幡山古墳

はちまんやまこふん

「明日香の石舞台みたい！」

思わずそんな言葉が出てしまうほど、この古墳は独特の雰囲気を放っている。

「関東の石舞台ともいわれているんですよ」

まさに、その通り。もともとは大きな円墳だったが、墳丘が削られて横穴式石室がむき出しになってしまったそうだ。その石室自体もとにかく大きい。そして長い！内部を覗くと長い長いトンネルが続いているようだ。

「石室は羨道《せんどう》、前室、中室、奥室で構成されていて全長16・7mもあり、奥室の横幅は4・8mですから、相当、巨大な石室ですね」

上に登ってみると、露出している天井石の巨大さに驚嘆する。一番大きなものは、こたつを置いて大人4人が優に座れるぐらいの大きさだ。どれも平らな一枚岩で非常に美しい。

「深緑の一枚岩は、埼玉県長瀞あたりで採られる緑泥石《りょくでいせき》片岩《へんがん》ですね。ほかに群馬県の榛名山の角閃石安山岩《かくせんせきあんざんがん》など複数の石材が使われていて、被葬者は広範囲の場所から石材を調達できる力があった人物だったのでしょう。関東では非常に珍しい漆塗木棺の破片が見つかっているのですが、これは畿内の大王や皇子など高貴な人の墓に限られたものなんです」

とすると、ここは畿内から来た貴人の墓なのかもしれない。西と東の石舞台。謎めいた深い縁を感じる。

3室からなる巨大な石室に圧倒される。

八幡山古墳

- 円墳
- 石室全長16.7m
- 7世紀前～中期
- 行田市藤原町1-27-2
- 県指定史跡

若小玉（わかこだま）古墳群の中のひとつ。埼玉古墳群とは異なる台地の上に築造されている。直径約80mの大円墳だったと考えられている。

勢力図の転換期に生まれた古墳?

16 小見真観寺古墳

おみしんかんじこふん

古刹らしい風情が漂い、静寂に包まれた真観寺。その墓域の後ろ側の鬱蒼とした森が前方後円墳だというから驚いた。

「この古墳は面白いことに2カ所に横穴式石室があるんですよ」

後円部の石室は、一枚岩の緑泥石片岩が割れたのか、その隙間から玄室の中が見えて、前室と後室に分かれている。もうひとつ、墳丘の上にある石室は、後室のみが現存していて、明治13（1880）年の発掘調査で衝角付冑《しょうかくつきかぶと》や挂甲小札《けいこうこざね》、大刀類などが出土しているが、外からほとんど石室内は見えない。

築造はおそらく6世紀末～7世紀初め。埼玉古墳群（P48）の古墳サイズが小さくなっていく時期に、少し離れたこの地に大型の前方後円墳が築造された。なぜ？

「権力の中心が移った可能性もありますね」

一世を風靡したあの埼玉古墳群一族の勢力を追いやった人物とは？ 興味深い。

小見真観寺古墳
- 前方後円墳
- 墳丘長102m
- 6世紀末～7世紀初め
- 行田市小見1124-1
- 国指定史跡

頭稚大刀（かぶつちのたち）、圭頭大刀（けいとうのたち）、銅鋺などが出土し、東京国立博物館に収蔵・展示されている。

貴重な埴輪に出会える!

行田市郷土博物館

ぎょうだしきょうどはくぶつかん

石田三成による水攻めで知られる忍城の本丸跡地にある博物館。古墳展示コーナーには酒巻14号墳から出土した「旗を立てた馬形埴輪」など貴重な埴輪が展示されている。この埴輪の出土で、埼玉古墳群の将軍山古墳の謎の「蛇行状鉄器」が、馬の背中に旗ざおを立てる道具ということが判明した。同じ古墳から出土した人物埴輪なども展示している。

- 行田市本丸17-23
- 048-554-5911

入館料／大人200円
開館時間／9:00～16:30（入館は～16:00）
休館／月曜（祝日の場合は翌日）、第4金曜、年末年始

国境の守り人の墓かも？

17 永明寺古墳

ようめいじこふん

大銀杏が1本、すっくと立ち、静かな墓域が広がる永明寺。その境内にひっそりと前方後円墳が佇んでいる。

「このあたり一帯には、村君《むらきみ》古墳群という古墳群があったのですが、ここはその中で数少ない現存する古墳のひとつです」

埼玉古墳群（P48）の北東約12kmのところに位置しているが、何か関連性があるのだろうか？

「はっきりとはしませんが、埼玉古墳群が築造され続けている6世紀前半に、ここに古墳を造ったということは、それなりの理由があったはずです。そのひとつが、この場所が利根川の川っぺりだということなんです」

そう、すぐ近くが利根川の土手になっていて、川向こうは上毛野、つまり群馬県なのだ。古墳時代当時、荒川と利根川の流れは現在とは異なり、埼玉古墳群の周辺で合流する流れだったという。

「利根川の北までが上毛野（群馬）の領域だったとすると、永明寺古墳は群馬の古墳だった可能性も考えられます。もしかすると埼玉の北の辺境を守っていた人というよりは、群馬側の一番南を守っていた人だったのかもしれません」

この古墳からは刀、鏃、冑、小札甲などのハイクオリティな武器・武具類が出土している。当時、上毛野は東国最大の力を持った国であり、それなりの威厳のある人物の墓なのかもしれない。埼玉の北の辺境か、群馬の南の辺境か、どちらを守っていたかは定かではないが、その人の胸にはどんな思いが去来していたのだろうか。

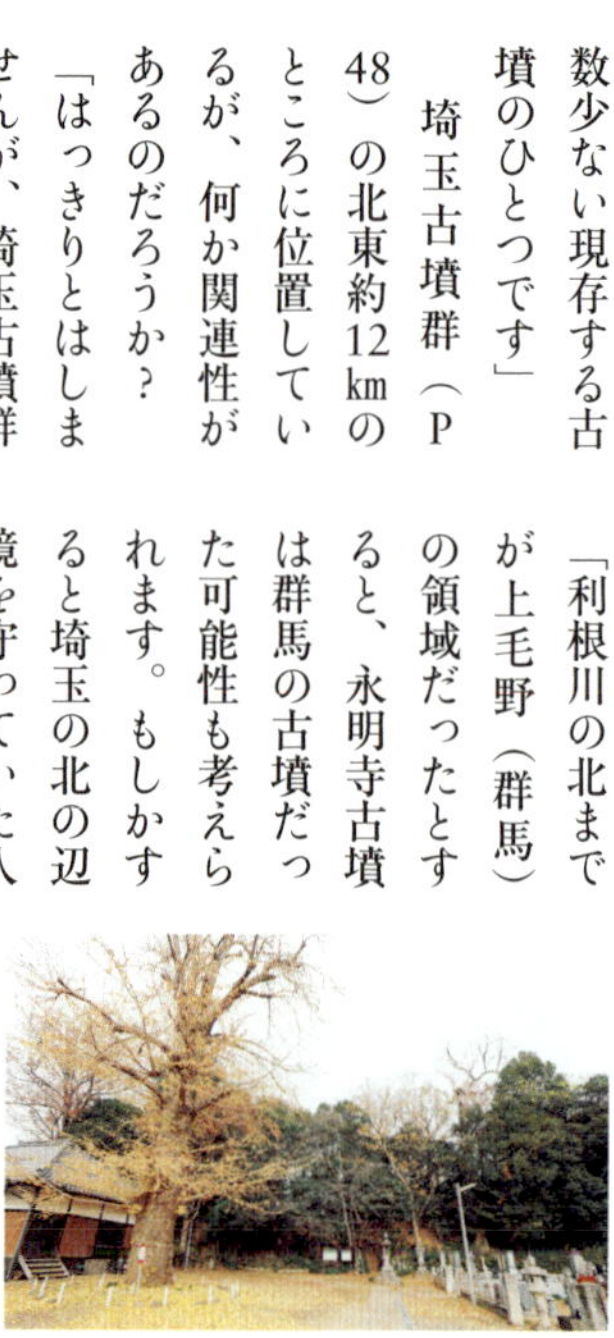

境内の大銀杏が出迎えてくれる。

永明寺古墳

- 前方後円墳
- 墳丘長78m
- 6世紀前半
- 羽生市下村君2278
- 県指定史跡

昭和6（1931）年の発掘で衝角付冑や小札甲などの武具、大刀、轡（くつわ）などの馬具、鉄製鋸などが出土した。近年の調査で、周溝から円筒埴輪などが出土している。

ロマンに満ちる美形古墳

18 熊野神社古墳

くまのじんじゃこふん

深閑という言葉が思い浮かぶような、ひっそりとした静寂に包まれた古墳。墳頂には熊野神社のお社があり、綺麗に掃き清められている。地元の氏子さんたちにきちんと守られている神社なのだということがわかる。

「この古墳は4世紀後半の築造といわれ、埼玉県では珍しい古墳時代前期の円墳です。直径38mとそんなに大きな古墳ではないのですが、大変珍しいものが出土しています」

国の重要文化財に指定されている石製品がザクザクと出土したというが、看板の写真を見ても、美しい緑色の碧玉《へきぎょく》製品や玉類がかなりの数で出土している。勾玉や紐に通してネックレスのように使う管玉《くだたま》、埼玉では非常に珍しい巴形石製品、石釧《いしくしろ》といわれるブレスレットなどなど、ちょっとしたジュエリーギャラリーのようだ。洗練された副葬品から、被葬者は女性では？とつい考えてしまう。

「性別までは難しいですが、その可能性もあるかも？ですね。これらの石製品は畿内との深い関係がありますし…」

おお、もしかすると畿内からやってきて、土地の首長の妻となった美しいひとりの高貴な女性がいたのだろうか？

見上げると1本の椿の木に赤い花が咲いていて、たおやかな美しい女性をふと思い浮かべた。お社とともに地元の人々に大切に守られてきた、幸せな古墳だと思う。

美しく掃き清められた境内。

熊野神社古墳

- 円墳
- 直径38m
- 4世紀後半
- 桶川市川田谷348
- 県指定史跡

大量の碧玉製品、玉類の他、銅製品、鏡、刀などが出土した。それらは国の重要文化財として埼玉県立歴史と民俗の博物館に所蔵されている。

数少ない前方後方墳は誰のもの？

19 鷺山古墳
さぎやまこふん

田園風景の中に突然、ぽつんと現れた古墳。鷺山古墳は埼玉でも珍しい大型で最古級の前方後方墳といわれている。木々や藪に囲まれて全景は見えないが、一部、斜面のラインから四角いかたちが見てとれる。

「前方部がばち型に開いたかたちをしています。発掘調査の際に、底に穴が開いた底部穿孔の壺形土器が出土しましたが、それらの土器を並べていたようですね。埴輪を並べる前の時代なので、4世紀前半頃の築造ではないかと推定されます」

墳丘長は60m。周りを歩いてみたが、墳丘が崩れている箇所もあって、大きさも把握しにくい。いろいろと痒いところに手が届きにくい古墳なのだが、前方後方墳というかたちにものすごく興味が湧く。前方後方墳は濃《のう》尾《び》平野が発祥ともいわれているが、もしかするとそのあたりから移住してきた人々の首長の墓なのだろうか？　青空をバックにミステリアスな孤高の古墳という風情がなかなかいい。

鷺山古墳
- 前方後方墳
- 墳丘長60m
- 4世紀前半
- 本庄市児玉町下浅見818
- 県指定史跡

大久保山丘陵と生野山丘陵の間の低丘陵上に位置する前方後方墳。墳丘部分は未調査であるため、埋葬施設や副葬品は明らかではない。

笑う埴輪に思わず笑みが…

本庄市立歴史民俗資料館
ほんじょうしりつれきしみんぞくしりょうかん

明治16（1883）年に建築された旧本庄警察署（県指定文化財）を復元・改修したレトロな洋風建築の資料館。本庄市指定文化財の「笑う人物埴輪」（小島前の山古墳出土品）は全国的にも有名で一見の価値がある。また、「ガラス小玉鋳型」（薬師堂東遺跡出土品）は、完全なかたちでの出土は日本初で、大変貴重だ。

- 本庄市中央1-2-3　☎0495-22-3243

入館料／無料　開館時間／9:00～16:30
休館／月曜（祝日の場合は翌日）、年末年始

皆野・大塚古墳
●円墳●直径30m●6世紀後半
●皆野町大字皆野95●県指定史跡

荒川右岸の低位段丘に立地している。基壇を持ち、周溝を巡らせた大円墳で、石室は全長6.3m、玄室の面積はおよそ7畳敷ほどある。

石室内部は思いのほか、広々としている。

聖なる山々を繋ぐ古墳？

20 皆野・大塚古墳

みなの・おおつかこふん

おお、高い！ 児童公園の中にシュッとした三角錐的な山があると思いきや、れっきとした古墳なのである。6世紀後半の円墳で直径30m、高さ6m、横穴式石室があり、柵越しに内部を覗くことができる。特別に石室に入らせてもらうと内部は広く、石をドーム状に積み上げた胴張りの両袖型になっている。

「入り口近くの石は緑泥石片岩で、小さな割石を横に積み上げています。美しさというより、強度を高めるためのものかも？」

古墳の石室から外界に出ると、現世に帰ってきたようでほっとする。

急な階段を登って今度は墳頂へ。すぐそばには荒川が流れていて、このあたりはやはり埼玉北部の交通の要所だったらしい。ぐるりと四方を見渡すと北に宝登山《ほどさん》、南に武甲山《ぶこうざん》、西に両神山《りょうかみさん》、東に美《み》の山《やま》が、それぞれほぼ正面に見える。

四方の高い山を繋ぐ線状の、ど真ん中に築造されたのだろうか？ 当時、すでに山岳信仰があったのかはわからないが、神聖なる山々を繋ぐ中心点に墓を造るとは、なかなか壮大な計画者がいたものだ。

この方墳、カッコ良すぎです

21 穴八幡古墳

あなはちまんこふん

背筋をピンと伸ばしたくなるような、そんなシャキッ、すっきりとした佇まい。古墳の上にはシンボルツリーのような木が青空にすっくと伸びていて、気持ちがいい。

「この古墳は八幡台という台地に築造されている方墳で、二重の周溝が巡っていました。前方後円墳の時代が終わり、大型の方墳が造られる時代に築造されています」

正面に回ると大きな石室の開口部がある。中に入ると緑泥石片岩の巨大な板石がパネル状に組み合わされていて、すっきりととても綺麗だ。奥壁も天井も角がシャープに切り出されていて、一層、美しさを増す。また床石には白色の玉石が敷き詰められていたという。これってなかなかモダンな工法では？

「パネル状に削るのも、組み合わせるのも、当時の最新技術だったと思います。小川町には下里・青山という緑泥石片岩の産地があるのですが、これだけふんだんに使っているのは、相当力を持っていた人と考えられますね。もしかすると緑泥石片岩を各地に送り出す仕事を掌握していた人物かもしれません」

現代風に妄想すれば、一流石材メーカーの代表取締役か会長のような人で、高級石材をふんだんに使い、最新技術を駆使できる人を妄想してしまう。好奇心旺盛で、新しモノ好きなチャレンジャー、そしてヤマト王権とも深い繋がりがあった重要人物だったのだろうか。とにかく、シュッとしてカッコいい古墳である。

パネル方式で造られた当時最新の石室。

穴八幡古墳

- 方墳
- 一辺32m
- 7世紀後半
- 小川町増尾
- 県指定史跡

二重の周溝を持つ珍しい方墳。ここから出土した広口瓶（ひろくちへい）の須恵器もまた珍しい。石室前の青石は江戸時代に設置された可能性があるという。

目？ 口？ 墓、それとも住居？

22 吉見百穴

よしみひゃくあな

白っぽい岩肌に掘られた無数の穴が…！ 目のようにも、口のようにも見えて、興味深さと怖さがあいまって、ワクワクゾクゾクしてくる。吉見百穴。古墳時代後期、6世紀末〜7世紀後半に造られた横穴墓《よこあなぼ》だ。

「凝灰質砂岩《ぎょうかいしつさがん》という柔らかな岩盤を掘り削って造られていて、内部はちゃんと前庭部、羨道、玄門、玄室と分かれているんですよ」

覗いてみると棺を安置する棺座が設えられている穴があって、シングルタイプもあればツイン、トリプルルームもある…！

「明治20（1887）年、発掘調査をした坪井正五郎という研究者がコロボックルの住居ではないか？と言い出して、大論争になったんです」

結局は、横穴墓ということに落ち着いたわけだが、つい、くすっと笑ってしまう。

吉見百穴
- 6世紀末〜7世紀後半
- 吉見町北吉見324
- 国指定史跡
- ☎0493-54-4541（吉見百穴管理事務所）見学料金／大人300円 年中無休

須恵器のほか、勾玉、管玉、耳環などの装飾品、直刀や鉄鏃など、古墳らしい副葬品が出土している。

希少なかたちで日本最大級！

23 山王塚古墳

さんのうづかこふん

子どもたちの下校時間だろうか、住宅街に賑やかな声が聞こえてくる。ごく普通の町の景色だが、忽然と、古墳が現れる。日本で6基しか確認されていない珍しい上円下方墳で、しかも、有名な東京の武蔵府中熊野神社古墳（P42）より大きい。

「埼玉古墳群（P48）の造営が終わり、古墳時代の終わり頃に築造されたと考えられます。横穴式石室には埼玉県に多い緑泥石片岩と群馬県の角閃石安山岩が使われています。行田市の八幡山古墳（P56）の石室の特徴とも共通しています」

座布団の上にぽこんとおまんじゅうをのせたような不思議なかたち。日本が律令制に向かって変革のときを迎える時期に、なぜ、こんなかたちの古墳が…？ 古墳を造らせたご本人にぜひ聞いてみたいものだ。

山王塚古墳
- 上円下方墳
- 下段方墳一辺約69m、上円部直径37m
- 7世紀後半
- 川越市大塚1-21-12
- 市指定史跡

墳丘は関東ローム層を搗き固めて高塚を築き、一部に赤土と黒土を交互に搗き固めて、強度を増している箇所もある。

謎のヴェールが剥がれる？

24 将軍塚古墳

しょうぐんづかこふん

「ここはずっと謎多き古墳だったんです」

墳丘長が１１５ｍもある大型の前方後円墳でありながら、研究者の間でも意見が異なり、築造年代がよくわからなかった古墳がここ。サイズからいっても、埼玉県の中でも重要な位置付けの古墳であり、埼玉古墳群（Ｐ48）との関係も注目されてきたという。

平成29（２０１７）年に、早稲田大学と東松山市教育委員会が共同で、デジタル三次元測量とＧＰＲ（地中レーダー探査）による調査を行った。発掘調査はトレンチを入れるなど、古墳を少なからず破壊するが、この最新技術なら、非破壊で調査が可能になるという。

「精密な測量図から、この古墳は後円部が3段、前方部が2段で築造されていて、後円部が非常に高く、竪穴式の埋葬施設

墳丘にはお社があり、地元の人たちに「利仁神社」が立つ地としても親しまれている。（写真提供：早稲田大学東アジア都城・シルクロード考古学研究所）

墳丘の上をゆっくり歩くと気持ちがいい。

があることがわかりました。古墳時代前期の4世紀頃の築造と考えられます」

デジタル測量図を見せてもらうと、あまり、くびれていないのだが、これは前期の古墳の特徴だという。

古墳時代の早い時期の大きな前方後円墳。ヤマト王権から命《めい》を受けた一族がいて、代々の長《おさ》が、この地のリーダーとして君臨していたのかもしれない。

となると、ここに眠っていた人物は、埼玉古墳群の被葬者たちのご先祖さまなのか？　はたまた、埼玉古墳群の一族は、この古墳の被葬者一族とは全く関係ないところから突如現れた新しい勢力なのか？

「1つの謎が解ければ、また次の謎が出てくる」。将軍塚古墳の講演会の資料に書かれた言葉だ。この調査では学生たちがチームをつくって墳丘の一点一点をコツコツと観測し、1ヶ月にわたる作業の結果、18万7617点もの座標を得ることができたそうだ。その結果、築造時期がわかったことは大きな前進だ。

そして、1つの謎を解いたら、また次の謎を解いていく。一歩一歩、前へ。こんもりと木々に覆われた謎多き墳丘に挑む、若き研究者たちの姿が見えるような気がした。

将軍塚古墳
- 前方後円墳
- 墳丘長115m
- 4世紀
- 東松山市下野本612
- 県指定史跡

前方部が削られているが墳形はよく残っており、埋葬施設に棺は確認されなかったが遺物が残っている可能性はある。

数多くの出土品が揃う

東松山市埋蔵文化財センター

ひがしまつやましまいぞうぶんかざいせんたー

東松山市には、数多くの遺跡があり、市内の発掘調査で出土した土器や石器などの遺物を収集、保管、整理して、公開展示している。古墳時代のものなら、加美町地内の東耕地3号墳から出土した、状態の良い鉄製短甲の実物をはじめ、高坂古墳群から出土した三角縁四神二獣鏡（さんかくぶちししんにじゅうきょう）の実物と復元鏡などがある。

- 東松山市下野本528-1
- 0493-27-0333

入館料／無料
開館時間／9:00～16:30
休館／土・日曜、祝日、年末年始

KOFUN MORE in SAITAMA

古墳のあとにちょっと寄り道〜埼玉〜

写真提供(上2点):埼玉県観光課 (社)埼玉県物産観光協会

川越《かわごえ》 蔵造りの町並み《くらづくりのまちなみ》

江戸の情緒に どっぷり浸る

黒漆喰の壁の重厚な商家が軒を連ねて、まさしく江戸時代にタイムスリップ。川越に残る蔵造りの建物は、優れた耐火建築で、江戸の町家形式として発達した。東京では少なくなってきた江戸の町の面影に触れてみたい。

●川越市

ゼリーフライ

なぜ、ゼリー? 謎のロコフード

じゃがいもやおからを混ぜて小判型にして油で揚げた衣のついていないコロッケのような食べ物で、ソースで食べる。「ゼニー(銭)フライ」が「ゼリーフライ」に変わったと伝わる。庶民のおやつとして今も愛されている。

●行田市

長瀞《ながとろ》 岩畳《いわだたみ》

石室の素材にもなった 緑泥片岩の産地

隆起した結晶片岩(緑泥片岩)が、まさに畳を敷きつめたかのように広がる絶景。荒川が青く淀んだ瀞となり、対岸の秩父赤壁と美しいコントラストを見せる。「長瀞ラインくだり」で、船から眺める景色は圧巻。紅葉も有名。

●秩父市長瀞

古墳はなぜ全国に広がったのか?

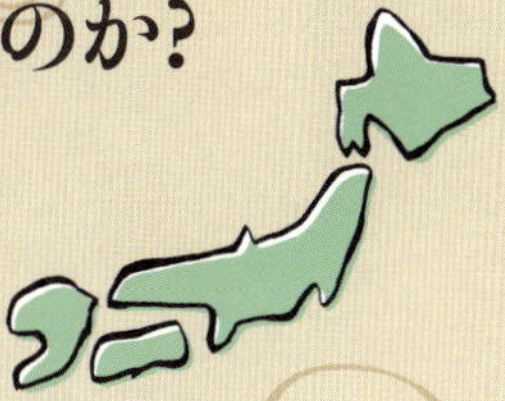

3世紀中頃～7世紀後半にかけて、北海道と沖縄をのぞく全国で、古墳がどんどん築造され、その数は20万基を超えるともいわれている。

3世紀中頃、奈良盆地に現れた前方後円墳、箸墓古墳がその始まりといわれ、その後、奈良盆地から佐紀、馬見と数多くの古墳が築造され、やがて5世紀に入ると、国内最大級の仁徳天皇陵古墳（大仙古墳）を擁する百舌鳥・古市古墳群へと古墳の築造地は移動していった。巨大な古墳はヤマト王権の力の象徴でもあった。

ヤマト王権はその力を増大させ、畿内以外の地域と手を結んで、日本という国をまとめようとしていた。その連合のしるしのひとつが、前方後円墳だったという。ともに手を携えて、日本をひとつの国へと造り上げていく。前方後円墳はその連合のシンボルでもあったのだ。

前方後円墳に数多くの埴輪を飾り、豪華な副葬品とともに埋葬する。各地に古墳を通じて〝古墳ネットワーク〟が広がっていったのではないだろうか。

東国にも大きな勢力を持つクニが現れてきて、ヤマト王権も注目するようになり、前方後円墳が広がっていった。

ヤマト王権から送られてきた技術者たちが、古墳の築造法や埴輪の製造法を伝えたという。古墳の規格について〝ヤマトルール〟のようなものがあったのかもしれないが、だんだんと東国特有の古墳文化がかたちづくられてきた。ユニークな石室や個性的な埴輪がそれを物語っている。ヤマト王権に対する東国の誇りと気概。そのおおらかで自由な気風に満ちた古墳の数々をぜひ実際に見てほしい。

CHIBA

千葉の古墳

外国人風？ 西洋の絵本に出てきそうなあご髭の人物埴輪。

おすすめ1日コース

- 千葉東金道路千葉東IC
  - 🚗 30分
- 圏央道松尾横芝IC
  - 🚗 35分
- **大堤権現塚古墳**（孤高の古墳の静寂に包まれる）
  - 🚗 15分
- **殿塚・姫塚古墳**（ラブラブ古墳に心弾んで♪）
  - 🚗 60分
- **芝山はにわ博物館**（芝山仁王尊・観音教寺）（あご髭のアノ埴輪に会える！）
  - 🚗 30分
- **船塚古墳**（公津原古墳群）
  - 🚗 30分
- **浅間山古墳**（龍角寺古墳群）
  - 🚗 5分
- **岩屋古墳**（龍角寺古墳群）（日本最大級の方墳）
  - 🚗 2分
- **千葉県立房総のむら風土記の丘資料館**（金銀の冠飾りを着けたイケメンに会える♡）
  - 🚗 15分
- 東関東自動車道成田IC

古墳時代は日本の文化や価値観の
基礎がつくられ始めた時代だと思います。
終末期の古墳を調べると、
飛鳥時代前期の最先端の文化や情報を得て
急成長したリーダーたちの姿が見えてきます。
千葉の古墳は、古墳時代を通じて、
エネルギッシュでダイナミックな時代の
ムーブメントを感じさせるものが多く
ワクワクします！

●千葉エリア ナビゲーター
千葉県立房総のむら
白井久美子《しらいくみこ》さん

千葉は古墳時代から海運リッチな国。ユニークな埴輪もお忘れなく。

房総半島は東西南北を海と川に囲まれた島状の半島で、船を使った水上交通が主流だった古墳時代、千葉は「関東の海洋王国」だったといえます。船を造る技術、船を操る技術、潮目を読む才、一歩も二歩も先んじる情報網など、さまざまな才を持つリーダーも数多くいたはず。それを物語るように、たくさんの物資が上陸した東京湾の東岸には、大型古墳を含む古墳群がいくつもあります。倭の五王（中国の「宋書」に登場する日本の5人の王）の時代になると、海外交易にも関わったと思われる首長も現れてきました。半島の北部では、古代の水域「香取海《かとりのうみ》」を通じて、常陸国《ひたちのくに》（茨城）や東北地方とも密接な交流があったと思われます。リッチな金のすずや、葬送儀礼を表す埴輪群、ユニークなあご髭の人物埴輪など、個性溢れる出土品も数多くありますよ。

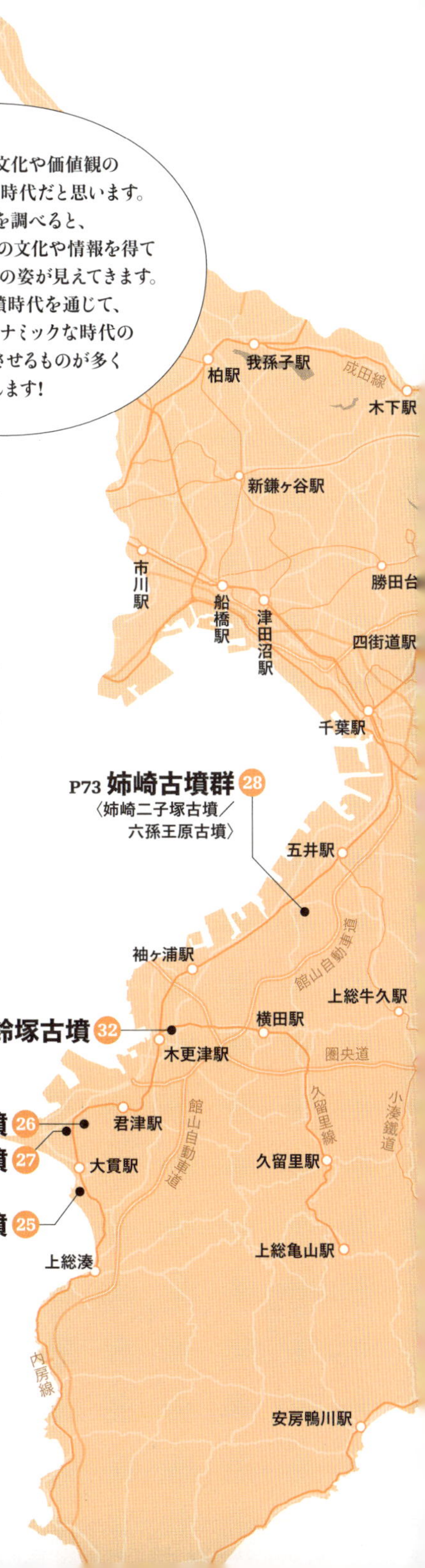

東京湾を一望する絶景古墳

25 弁天山古墳

べんてんやまこふん

海運、水運を掌握した大首長の墓らしく堂々とした姿を見せる。

小雨降る中で訪れた前方後円墳は、どこか少し、寂しげに見えた。墳丘は整備されているけれど、明治の初めにこのあたりに小久保藩の藩校が建ったり、内房線が敷設されたり、その後の小学校の校地埋め立てなどで、何度も墳丘が崩されてしまったそうだ。

くびれのあたりの階段を登っていくと、なんと墳頂から東京湾が一望できる。

「天気のいい日は富士山も見えるんですよ」と白井さん。

天気が良ければ、青い空と海の気持ちのいい景色が見られるのだろう。今も遮るものがないので、おそらく築造当時に見えた海の景色とそう変わらないのではないだろうか。

海側からも、きっとこの古墳がよく見えたのでは？

「それはもう意識していますよね。現在の富津市のあたりは古代、小糸川流域を中心とし

墳頂に登ると、海がよく見える。

た須恵国《すえのくに》と呼ばれていました。南房総の小糸川流域全域を治めるような大首長のお墓だと考えられますね」

海あり、川あり。海運、水運、漁業などで富を得た人物かもしれない。

他のエリアでもそうだが、やはり古墳というのは自分が治めた地域、自分の人生を賭けて築き上げたものの象徴的な場所に築造するのだろうか。

「ここはまず、海運第一だったでしょう」

海運業王のような大首長がいたのだろう。後円部の建屋の中にある石室を見たとき、それを実感した。

後円部が崩れてしまって、むき出しだった竪穴式石室を覆うように建屋があるが、そもそもは、この石室をさらに覆う土盛りがあったはず。そう思うと相当、大きな古墳だったことが想像できる。

巨石がゴロゴロと残っている。

中には、ごろん、ごろんと巨大な石が転がっている。長いほうの辺が3mはありそうな、かなり大きな石だ。巨大な3枚の天井石のうちの真ん中の石には縄掛突起がついているではないか。これは花崗岩の可能性があるらしい。

「縄掛《なわかけ》突起《とっき》のある天井石自体、房総半島では珍しいものですね。なぜここにあるのかは謎なんです。畿内から来た技術者によってもたらされたと考える人もいますね」

花崗岩だとすれば、群馬、栃木、茨城あたりの山岳地帯で掘りだしたものらしく、石材をここまで運んできて、畿内の人間の指導のもとで縄掛突起のある天井石に加工したのだろう。

ここに眠る海運王は、他人と同じものはイヤで、オリジナリティに富んだものを好んだのだろうか。

巨石の上には、なぜか硬貨が何枚も積まれている。ん？これ、お賽銭ですか？

「やっぱり日本人は、立派なものにはお賽銭をする習性があるんでしょうね（笑）」

お賽銭をするのなら、中には拝む人もいるはず。被葬者が、遠い未来にお賽銭を供えて拝んでくれる人がいると知ったら、びっくりするかもしれない。

弁天山古墳

- 前方後円墳
- 墳丘長87.5m
- 5世紀後半
- 富津市小久保字弁天3017
- 国指定史跡

鉄剣、直刀、鉄、鹿角装刀子（ろっかくそうのとうす）などが出土している。石室見学は富津市教育委員会生涯学習課まで問い合わせを。

房総の絶世美女にゆかりの場所？

26 内裏塚古墳

だいりづかこふん

県道157号線沿いのこんもりとした森は、じつは立派な前方後円墳。海岸の砂が堆積した小高い丘、砂丘列上にはこの内裏塚古墳をはじめ、墳丘長100mを超える大型の前方後円墳がいくつも造られた。

「須恵国の首長クラス、つまり国造の一族の墓ではないかといわれています」

周溝の幅が30mほどあり、盾形で水を湛えていたそうだ。築造当時は水に映る墳丘が美しく見えたことだろう。

後円部にはひっそりと石碑が立っている。大正4（1915）年までここには珠名姫《たまなひめ》神社があった。祀られていた珠名姫という女性は万葉集に〝須恵の珠名〟として登場し、古代、奈良の都までその名を響かせていた房総美人のひとりだったという。

端正で妖艶な女性と伝わるが、この古墳とどんな縁があるのだろうか。もしかすると、この古墳の被葬者の子孫のひとりが愛した女性なのかもしれない。そんな想像が膨らむ、ちょっとミステリアスな古墳だ。

内裏塚古墳

- 前方後円墳
- 墳丘長148m
- 5世紀中頃
- 富津市二間塚字東内裏塚1980
- 国指定史跡

後円部に2基の竪穴式石室が造られていた。鏡、鉄鏃、鉄剣、金銅製の胡禄のほか、円筒埴輪や家、人物などの形象埴輪が出土している。関東第3位の大きさを誇る。

素朴で穏やかな風情があります

27 稲荷山古墳

いなりやまこふん

周溝がほぼすべて田畑になっていて、その中にぽっかりと古墳が見える。どこか純朴な農業青年を思わせる古墳だ。

「須恵国造《すえのくにのみやつこ》の系譜に繋がるこの一帯の首長の墓と思われますが、弁天山古墳（P70）の後裔《こうえい》の可能性がありますね」

この古墳は私有地だが、特別に墳丘に登らせてもらった。鬱蒼と木が茂り、墳丘に落ち葉が積もって自然任せな感じがするが、ナチュラルなままの古墳もまた好ましい。

稲荷山古墳

- 前方後円墳
- 墳丘長106m
- 6世紀後半
- 富津市青木字稲荷山1145
- 市指定史跡

後円部東側に横穴式石室があるといわれ、土師器、須恵器片、円筒埴輪などが出土した。

誇り高く独立独歩な古墳たち

28 姉崎古墳群《あねさきこふんぐん》

さっきから雪がちらついていたけれど、ここにきて猛烈に降り始めた。ピューピューと風も吹き付ける中、白い墳丘にアタックする。

登り切ると墳頂から、市原の街並みが遠くまで見渡せる。いつも、この瞬間、この地を治めていた被葬者にほんの少し近づける心持ちになる。

「近くに養老川が流れていて、流域に300基を超える古墳があったんです。姉崎古墳群という一大古墳群です」

300基！ものすごく強大な力を持った人物の墓なのだろう。

「姉崎二子塚古墳はまちがいなく、このあたりの首長の墓ですね」

出土品も第一級品で、鏡、大刀、純銀の

姉崎二子塚古墳から出土した石枕。（写真提供：國學院大學博物館）

姉崎古墳群

養老川下流の左岸に広がる古墳群。4世紀後半から7世紀後半の約300年もの間、古墳の築造が続いた。前方後方墳の六孫王原古墳が最後の築造となった。

垂飾《すいしょく》耳飾り、勾玉や玉類の数々、衝角付冑など、それだけでも凄いのだが、非常に珍しい石枕が出土しているのだ。写真を見ると、真っ黒で艶やかな石に、遺体の頭を置くためのくぼみをつけ、周りに立花《りつか》という装飾品を孔に差し込んで立てている。高貴な人が亡くなったとき、殯《もがり》を行うが、その間、この立花を立てるのだという。さらに側面には直弧文《ちょっこもん》という美しい文様が彫り込まれている。「王者の紋様」といわれ、ここまで精巧で見事な石枕は他に類を見ないという。これはもう伝統工芸の域です！

「日本で一番美しい石枕ではないかと思います。衝角付冑や純銀の耳飾りなどはヤマト王権との関係で手に入れたものと考えられますが、この石枕は千葉県独特のものなんです。ヤマト王権とその地域の両方の文化を取り入れて、贅を尽くしているといえます」

国の重文に指定されるほどの石枕を下に眠っていた人物が率いる強大な一族。なんとその一族の名前が伝わっているというのだ。上海上と書いて、カミツウナカミと読むそうで、このあたりの旧家には海上という姓が多いらしい。海上姓は養老川の対岸地域や銚子にも広がっていて、一時期、非常に広大な地域を治めていた可能性があるそうだ。

1基の古墳から、なんと壮大なドラマが展開することか！などと考えている間に、吹雪のようになってきた。真っ白く雪が積もる古墳のスロープが、巨大なジャンプ台のように見えてきた。

マンションに挟まれるように、ちょっとした築山にも見えてしまう六孫王原古墳に着いたときは、雪がすっかり積もって、墳丘が真っ白に。まるで雪国の景色のようで、黒々とした木々と墳丘のコントラストがとても美しい。

「姉崎古墳群の中で最後の首長墓です。7世紀後半の古墳なのですが、不思議なことに前方後方墳なんですよ」

長い間、前方後円墳を築造し続けたのに、ラストが前方後方墳？そのココロは？

「古墳時代の初期の頃は、関東地方の豪族

六孫王原古墳《ろくそんのうばらこふん》

手前の前方部だけ雪が積もって、木が覆っている後方部には雪が積もっておらず、珍しい白黒のコントラストを描く墳丘。

は前方後方墳を築造したケースが多いのですが、7世紀というのは大変珍しいし、ちょっと面白いことをしてますよね」

確かに、姉崎二子塚古墳の副葬品の石枕といい、この一族は主張の強い人物を多く輩出している気がする。あまりヤマト王権に従いたくなかったのだろうか？

「畿内中心となっていく流れの中で、心の奥底では抵抗があったのかもしれませんね」

墳丘長は決して大きくはないけれど、冠雪した前方後方墳はシャープな表情でカッコいい。誇り高き地元愛に燃える、ハンサムなリーダー（妄想です）を想像させる。

姉崎二子塚古墳

●前方後円墳●墳丘長114m
●5世紀中頃●市原市姉崎●県指定史跡

築造当時は幅22〜40mの盾形周溝が周囲に巡り、復元すれば相当大型の墓域となり、被葬者の強大な力を感じさせる。

六孫王原古墳

●前方後方墳●墳丘長45.6m
●7世紀後半●市原市姉崎字六孫王原
●市指定史跡

金銅製馬具・直刀・刀子・鉄鏃や、須恵器大甕（おおがめ）・長頸壺（ながくびつぼ）などが出土している。

奥に人が立っているが、比べると古墳のスケールがよくわかる。

古代の〝気〟が満ちる静寂の地

29 大堤権現塚古墳
おおつつみごんげんづかこふん

ただ、しん、としている。山武杉《さんぶすぎ》の森に囲まれて、どこか遠い奥深い山に迷い込んだような気分になる。木々の間から日差しがほのかに差し込み、光と影が交差する中に、大きな古墳がどんと鎮座している。

　大堤権現塚古墳。最初に古墳の名前を聞いたとき、大層な名前だなと一瞬思ったけれど、実際に古墳に出会って、すぐに考えを改めた。まさにこの名前にふさわしく、量感溢れる堂々とした

これぞ聖域という清らかな空気が満ちている。

古墳なのだ。静かな大迫力に圧倒される。前方部には箱根神社の本殿があり、箱根信仰の対象となっている。本殿の後ろにある山のような盛り上がりが古墳だ。

「千葉では大型の古墳なのですが、築造時期は7世紀初め。古墳のコンパクト化時代に逆行しているところが不思議です」

六孫王原古墳（P73）をはじめ、何か畿内からの流行に若干、反するというか、独自路線を貫く姿勢が千葉の古墳には多い。〝お、なかなかやってくれるな、千葉のリーダーたちよ〟という感じがして、ちょっと痛快だ。

墳丘の裾を歩き始めて、まず気づいたのが墳丘の周りにはっきりと続く立派な周溝の存在だ。綺麗に周囲をぐるりと巡っていて、堤の盛り上がりもはっきりとわかる。

「なんと三重に巡っているんですよ」

え、ではこの第1堤の向こうにまた周溝が二重に巡っている？なんと豪壮な…！墳丘に登っても周りは杉木立に囲まれて景色はほとんど見えない。しかし、当時は、雄大な千葉の海が見えていたという。もちろん、海からもこの古墳が見えるわけだから、ランドマークのような存在だっただろう。

古墳の周りは美しい杉木立が続く。

古代、この地域は武社国《むさのくに》と呼ばれ、これだけの大規模な古墳を築造できる人物となると武社の国造《くにのみやつこ》（P189）クラスになるのではないかという。

「最初は、太平洋側から九十九里のあたりにおそらく上陸して、上総の東エリアを大開拓して力をつけた一族の長ではないかと思います。千葉は海に囲まれて、海洋交流が古くから盛んで、国内を移転するドメスティック移民の多い場所なんです」

さまざまな地域の人々が集まって、多くの集落ができて、出身地の異なる人々の交流も盛んに行われたのだろう。古墳からも読み取れるが、千葉らしい独立独歩で自由な気風が生まれたのかもしれない。

考えながら歩いていると、周溝をぐるりと一周、回ってしまった。ここに来たら古墳の周囲をぜひ一周してみてほしい。

どこまでも静寂な中に、スケールの大きさと量感、そして古代がすぐ近くに息づくような、濃密な空気を感じるはずだ。

大堤権現塚古墳

- 前方後円墳
- 墳丘長117m
- 7世紀初め
- 山武市松尾町大堤479
- 県指定史跡

大刀、鉄鏃、金銅製鞘付刀子、金銅製耳環、勾玉、水晶切子玉、ガラス玉などが出土している。

堤から古墳の綺麗なかたちを
真横から見ることができる。

が成就するかも?

30 殿塚古墳

とのづかこふん

2基の古墳が木立に囲まれるように、仲良く並んでいる。雪が降った翌朝、青空の下でうっすらと雪化粧した墳丘は美しい。

「実際、この2基はほんとうに仲が良くて、共に周溝が二重に巡っているのですが、ちょうど真ん中の周堤は、両方の古墳で兼用しているんですよ」

それはかなりの仲良し。夫婦の古墳なのだろうか?少し大きいほうが殿塚古墳、小さいほうが姫塚古墳で、ほんとうの殿と姫のように寄り添っているように見える。しかも、共有の周堤の上に、ぽこんと小さな円墳がある。陪塚《ばいちょう》(P189)のようなものらしい。可愛らしい円墳は、なんだか二人の子どものようにも見えてしまう。

「殿塚古墳が若干古くて、6世紀後半の中頃に近いほうの築造で、姫塚古墳が6世紀末の築造で、少しだけ新しいんです。墳丘長は殿塚が88m、姫塚が58・5mですね」

この2基の古墳には横穴式石室があり、大刀や勾玉、耳環などが出土している。しかし出土品の凄さはそれだけではない。

とくに凄かったのが姫塚古墳だ。なんと45体もの形象埴輪が出土し、中でも注目を

殿塚古墳より少し小ぶりでほんとうに愛らしい。

ここに来れば恋

31 姫塚古墳《ひめづかこふん》

集めたのが7体の「あご髭を持つ武人」である。

背がすらっと高く、豊かなあご髭を持ち、髪もくるくるとパーマがかかっているようなロングヘア。しかもつば付きの帽子までかぶって、イギリス紳士のようなダンディさ！　こんなスタイルの埴輪は他に類を見ないし、鼻もすっと高くて、エキゾチックで、日本人っぽくないのだ。

「たぶん、渡来人系の人物を描写しているのではないでしょうか。埴輪って結構、写実的なんですよ」

大陸とかを超えて、ペルシャとかヨーロッパの面影さえ感じる人物埴輪が7体も飾ってあったとは、姫塚の被葬者はどんな人物だったのかと想像すると、ワクワクしてくる。

ほかにも手を上げた馬子、馬、武人、巫女らしき女性、鍬をかついだ農夫など、ど

雪化粧した古墳は格別な美しさがある。

共有の外堤にポコンと陪塚が…。

れもサイズが大きくて、優れた造形美を誇る埴輪が、わんさか見つかっている。

美しい形象埴輪たちは姫塚古墳の墳丘北側の平坦面にずらりと並んでいたそうだ。その埴輪列から少し離れたところに、列を見るようにひざまずく男性の埴輪が配置されていた。埴輪たちは外から見る人たちを意識して立てられていたのではないかという。

殿塚古墳からも埴輪は出土しているが、姫塚古墳ほど詳細な調査はしていないそうで、こちらもさらなる発掘が行われれば、ものすごい発見があるかもしれない…！

「確かにそうですね（笑）」

この〝すべてを調べきっていない〟〝わかっていない〟ところが古墳の面白さ、楽しさ、妄想が膨らむ点なのだ。

姫塚古墳のほうは、見れば見るほど殿塚古墳より小ぶりで可愛らしい。ほんとうに愛らしさのある古墳だ。妄想としては、ぜひ女性の古墳であってほしい。

「女性かもしれませんよ（笑）。特殊な馬形埴輪が出ていて、足をそろえて横座りに乗る台がくっついているんです。これって女性用だと思いませんか？」

なんと！　彼女（？）のお気に入りの馬具を埴輪に写している可能性もあるかもしれない。埴輪ひとつから、いろいろな推理が広がるのも古墳の大いなる楽しみだ。

足元に気をつけながら、雪の墳丘に登ってみる。上から見ると両方の古墳とも、くびれがキュッとすぼまって、グラマラスなフォルムが美しい。見れば周りの木々は桜が多い。春のお花見シーズンは、あたり一帯が薄紅色に染まって、幸せ気分満開になりそうだ。

殿塚古墳

●前方後円墳●墳丘長88m
●6世紀後半●横芝光町中台1472-1
●国指定史跡

姫塚古墳

●前方後円墳●墳丘長58.5m
●6世紀末●横芝光町中台1441-2
●国指定史跡

両古墳とも周溝のかたちが長方形になっていて、千葉では珍しく、埼玉古墳群と同じだという。被葬者は武社国の支配者にゆかりの深い有力者の一族と考えられている。毎年11月の第2日曜に「芝山はにわ祭」が開催される。きらびやかな国造を筆頭に、巫女の舞や鎧をまとった武人の行列などが町を練り歩く。

古墳時代と今を繋ぐ不思議な空間

芝山はにわ博物館（芝山仁王尊・観音教寺）

しばやまはにわはくぶつかん（しばやまにおうそん・かんのんきょうじ）

観音教寺の本堂に隣接する博物館。この地域から出土した埴輪や古墳時代の考古遺物を展示。はにわコレクションは県の文化財9点を含む150点余を数える。殿塚古墳、姫塚古墳をはじめ、殿部田（とのべた）1号墳、経僧塚（きょうぞうづか）古墳などから出土した埴輪がずらりと並ぶ光景は圧巻だ。姫塚古墳の「あご髭を持つ武人」たちにも会える。

●芝山町芝山298
✆0479-77-0004
入館料／大人200円
開館時間／9:00〜16:30（入館は〜16:00）
休館／年中無休

県内随一。輝くゴージャス古墳

32 金鈴塚古墳
きんれいづかこふん

住宅地の中にいきなりむき出しの横穴式石室が現れてびっくりする。6世紀末の築造当時は墳丘長95mもの前方後円墳が、今、住宅や道路がある場所を覆っていたらしい。

石室内はポツポツと海蝕孔がある磯石を積み上げて造られていて、7世紀後半まで追葬が続いていたという。

「このあたりは古代、馬来田国《まくたのくに》があり、その首長クラスの墓でしょう。石室内の石棺は埼玉の長瀞あたりの緑泥片岩で、馬来田国と北武蔵に交流があったのだと思います。反対に千葉の磯石が埼玉古墳群の将軍山古墳（P52）の石室に使われているんですよ」

まるで物々交換みたい。仲が良かったのだろうか。そしてこの古墳からは豪華絢爛な副葬品が見つかっている。その代表格が約98％の純金の鈴だ。メッキではなくリアルゴールド！　錆びずに出土したというから驚く。さらに鏡、豪華な馬具、飾り大刀19本なども見つかっている。半端ないゴージャスさ！　海に開けた馬来田国を支配して富を築いた大豪族が確かにいたのだろう。

金鈴塚古墳
- 前方後円墳
- 墳丘長95m
- 6世紀末
- 木更津市長須賀
- 県指定史跡

横穴式石室には緑泥片岩の組合式箱型石棺が残っている。人骨3体をはじめ、金の鈴や豪華な副葬品が続々と出土した。

あの金鈴の本物が見られる！

木更津市郷土博物館 金のすず
きさらずしきょうどはくぶつかん きんのすず

木更津市の貴重な歴史的、文化的な資料を展示している。「上総木更津金鈴塚古墳出土品」のコーナーには、国の重要文化財に指定されている金の鈴をはじめ、復元された豪華な馬具を身につけた馬の実物大模型など、見逃せない遺物が並ぶ。ほかにも木更津市内の古墳からの豊富な出土品を見学できる。

- 木更津市太田2-16-2
- ☎0438-23-0011

入館料／大人200円
開館時間／9:00～17:00（入館は～16:30）
休館／月曜（祝日の場合は翌日、年末年始）

新しい街と人と共に在る古墳

33 公津原古墳群《こうづはらこふんぐん》

船塚古墳《ふなつかこふん》

マンションや団地、ショッピングセンターなどが立ち並ぶ成田ニュータウン。その真ん中にある赤坂公園の、さらに真ん中、子どもたちが上り下りして遊んでいる小山がまさかの古墳なのである。

「船塚古墳は墳丘長が86mで、最初の調査で、前方後方墳説が出たのですが、ちょっとくびれがはっきりしないということで、何回も測量したんです。結果、一説では長方形の基壇の上にさらに長方形墳を築造したのではないかといわれています」

二重の周溝がよく残り、近くで見るほどに古墳のかたちがはっきりと把握できる。

また埴輪が見つかっているので6世紀の中頃の築造と考えられているそうだ。

しかし、墳形問題の決着がついていないというのがなかなか興味深い。もしかすると最上段だけ前方後円形ではないか？ともいわれているらしい。

公津原古墳群

4世紀前半から7世紀後半まで古墳の築造が続いた、総数120基を超える古墳群。消滅した古墳も多いが、現在、40基の古墳が県史跡に指定されて保護されている。

「長方墳だとすると、6世紀以降の長方墳としては全国で最大規模になるはずです」

前方後円墳の築造が少なくなりつつある時期とはいえ、長方墳を造るとは、なかなか自己主張が強い感じがする。

「千葉の首長たちというのは、ちょっと人とちがうものが欲しいという個性的な人が多かったのかもしれませんね（笑）」

◎

船塚古墳から北へ4㎞ほど行ったところに天王塚古墳がある。住宅地の真ん中にあるのだが、昼間でもほの暗く、しんとしている。

鳥居が立っていて、参道の階段を登ってみると、やはり、正真正銘の古墳だ。くびれがはっきりとして、その美しいプロポーションがよくわかる。

天王塚古墳《てんのうづかこふん》

「詳しい調査が行われていないので、埋葬施設などはよくわかっていませんが、サイズといい、大豪族の墓だと考えられますね。船塚古墳の被葬者の一族だと思います」

後円部の墳頂に浅間神社の祠、前方部に八坂神社の祠がそれぞれある。お社という聖域だったおかげで残されたのだろうか。

「公津原古墳群は成田ニュータウンの開発前には120基もの古墳があったそうです。現在は40基が保存されていますが、船塚古墳も、天王塚古墳も、現代の新しい人々の暮らしと共存しているといえますね」

後世まで守り、伝えていきたいもの。古墳はまちがいなくそのひとつだ。開発と保存の狭間で古墳の新たな在り方を探るヒントが、この街にあるような気がした。

船塚古墳

●長方墳
●墳丘長86m●6世紀中頃
●成田市赤坂●県指定史跡

長方形に近い墳丘からは埴輪片が見つかっている。

天王塚古墳

●前方後円墳●墳丘長63m
●6世紀●成田市吾妻3丁目
●県指定史跡

公津原古墳群の中で現存する最大級の前方後円墳。

大変革時代、強者たちの夢の跡

34 龍角寺古墳群《りゅうかくじこふんぐん》

古墳へと続く道を曲がった途端、ピラミッドのごとくそびえる方墳が現れた。一辺78m、高さは13・2mというがもっと高く、もっと大きく見える。

青空を背景に、のびのびとした岩屋古墳は強く、たくましく、すくすくと育った高貴な生まれの古墳、そんなイメージが湧く。

「初めは成田の公津原古墳群の一族が覇権を握っていたのですが、このあたりの豪族は6世紀前半から次第に実権を握っていったと考えられます。7世紀前半に築造されたこの古墳は、そのシンボルといえます」

墳丘の南側には石室が2基、開口していて、双墓になっている。右側は石室が崩れているが、左側を特別に開けてもらって中に入る。

「石室の石材が特殊で、海底に堆積した貝化石がそのまま残っている凝灰質砂岩の切石を積み上げています」

なんと、大きな巻貝が張り付いている！

ボロボロと崩れやすい石を直線的に加工していて、相当、手間をかけていることがわかる。内側に徐々にせり出すように積み上げて、側壁から天井にかけてなんとも綺麗

岩屋古墳《いわやこふん》

なアーチを描いている。ところどころに埋まる巻貝がモダンな壁紙のデザインのように思える。

「アーチに造っていくやり方は、古代韓国の百済の古墳とよく似ているのですが、大陸からきた設計技師がいたのかもしれませんね」

石室を出て、急勾配の墳丘を登っていく。墳頂からの景色は想像以上に素晴らしい。西側には遠く印旛沼が見え、東側は広い渓谷になっている。

「古代、この渓谷に水が流れていたのではないかと思えるんです。東のずっと向こうに霞ヶ浦があって、そこからの物資がここに運ばれてきたのではないかと…。ヤマト方面を意識はしていたけれど、それ以上に群馬や茨城など北関東の豪族たちとの交流にも注目していたのではないでしょうか」

墳頂の真下の石室から延長線上に視線を下げて

(右)天井石は筑波変成岩という、埼玉の緑泥片岩に似た緑がかった巨石をプレート状にして使っている。(左)巻貝があちこちに張り付いた状態になっている。

龍角寺古墳群
●栄町龍角寺

6世紀前半から7世紀前半まで古墳が築造され続け、現在も115基もの大小の古墳が残る県内屈指の大古墳群。

いくと、少し張り出した地形が見える。そのあたりに港があり、地形を利用した桟橋があったのではないかというのだ。

なんという壮大なイメージだろう！　水運を活用して、運輸・物流の前線基地を掌握していた人物が「ここは俺の港、俺の谷なのだ」という意思を持って古墳をこの地に築造したのだろうか。綺麗な三段築成で、美しく大きなこの古墳は力の象徴であり、見る者に驚きと畏れを抱かせたことだろう。

岩屋古墳から北へ500mほど行ったところにみそ岩屋古墳という方墳がある。岩屋古墳の小型タイプということで「みそ」と呼ばれているらしいが、一辺35mのなかなか立派な方墳なのに、ちょっと気の毒だ。

みそ岩屋古墳（龍角寺106号墳）
みそいわやこふん（りゅうかくじひゃくろくごうふん）

◎

のどかな田園の農道を進んでいくと、森の中の一本道へと入っていく。こんな道の先に古墳があるの？と思いつつ、歩みを進めていくと、急な土の盛り上がりが現れた。岩屋古墳より一世代古い浅間山古墳だ。龍角寺古墳群の中でもっとも台地の奥にあって、墳丘長78m、最大の前方後円墳である。

平成8（1996）年、この古墳の発掘調査が行われたが、何を隠そう、ナビゲーターの白井さん自身が発掘調査を手がけたのだ。

埋葬施設が発見できず苦労したそうだが、1ヶ月経とうという頃、その苦労が報われて、横穴式石室が見つかった。そして、白色粘土で覆われ、羨道、前室、後室を持つ白壁の石室からとんでも

浅間山古墳 せんげんやまこふん

参道を登りつつ、墳丘を体感できる。

ないものが出土した。

金銅製馬具、金銅装大刀、大量の甲冑の小札などと共に、金銅と銀の冠飾り2種が見つかったのだ。連珠文《れんじゅもん》と忍冬唐草文《にんどうからくさもん》という美しい透かし彫りが施され、冠帽《かんぼう》につけられていたものだという。房総のむらの「風土記の丘資料館」でその復元品を目にしたが、繊細優美で華麗でじつに美しい。

「このような透かし彫り文様は飛鳥仏の宝冠などにもあります。この頃の首長たちは仏教との関わりがすでにあったのかもしれません」

浅間山古墳のすぐ近くに7世紀後半創建の龍角寺という寺がある。このあたり一帯は、古代、印《いん》波国《ばのくに》だったが、その国造の菩提寺では？ともいわれているそうだ。

「浅間山古墳から岩屋古墳に繋がる一族が、国造として、広い領域を支配したという可能性も大いにあるのではないでしょうか。6世紀の終わりから7世紀にかけて、日本は大変革期を迎えていました。古墳がそびえたち、その横で寺院の建築が始まる。まさしく、強者どもの夢の跡が連綿と続いていたように思います」

古墳から仏教伝来の時代へ。古代日本が国家としてまとまりゆくための、一筋のまっすぐな道が見えるような気がした。

東国で最古級の寺である龍角寺。法起寺(ほっきじ)式の伽藍形式という創建当時の塔礎と金堂跡が残っている。

岩屋古墳
●方墳●一辺78m●7世紀前半●国指定史跡

みそ岩屋古墳(龍角寺106号墳)
●方墳●一辺35m●不明●国指定史跡

浅間山古墳
●前方後円墳●墳丘長78m●7世紀初め●国指定史跡

房総の古墳と古代の寺の歴史をリアルに辿る

千葉県立房総のむら 風土記の丘資料館

ちばけんりつぼうそうのむら ふどきのおかしりょうかん

古墳関係は第1展示室が充実。龍角寺古墳群を中心に、県内の古墳から出土した遺物を展示している。龍角寺第101号古墳の埴輪と副葬品、浅間山古墳の石室の復元や金銅製と銀製の冠飾りのレプリカなど見応えがある。また龍角寺など県内の古代寺院の瓦や、瓦塔など、古代仏教に関わる資料も豊富に揃う。

●栄町龍角寺1028
☎0476-95-3333
入館料／大人300円
開館時間／9:00〜16:30
休館／月曜(祝・休日の場合は翌日)

KOFUN MORE in CHIBA

古墳のあとにちょっと寄り道〜千葉〜

写真提供（下1点）：（公社）千葉県観光物産協会

鋸山

のこぎりやま

古墳時代もランドマークだったかも？

標高329.5m、鋸の歯のようにそびえ立つ険しい稜線は古くから海上の船から見える目印とされていた。現在は、徒歩のほかロープウェーや登山自動車道（有料）も整備されていて、人気の低山登山スポットになっている。

●富津市金谷

海ほたるPA

古墳もいいけど、海上でひと休みも…！

約10kmにおよぶ海底のアクアトンネルと5kmのアクアブリッジからなる東京湾アクアライン。海上パーキングエリアの「海ほたる」では、限定メニューを楽しめるレストランやアミューズメントコーナーなどが充実。

●木更津市中島地先

はかりめ（あなご）

旨味たっぷり、あなごに舌鼓！

富津市の名物、あなごは、江戸時代から愛されてきた味。細長く点々の模様が棒はかりに見えることから「はかりめ」と呼ばれてきた。身が柔らかく、旨味が豊か。地元の「はかりめ丼」や「あなご天丼」をぜひ食してみたい。

●富津市

古墳にはどんなかたちがある?

古墳のかたちはじつにバリエーション豊かだ。鍵穴のようなかたちの前方後円墳をはじめ、丸い円墳、四角い方墳、前方後方墳、八角形墳などいろいろな古墳がある。

「時代によってかたちの流行があった」、「地域独特のかたちがあった」、など諸説あるが、古墳の楽しみ方として、自分の好きな古墳のかたちを見つけて、いろいろな古墳に会いに行くのも面白い。

前方後円墳

円墳と方墳を合わせたようなかたちで、畿内を中心に、九州から東北まで全国的に広がった。巨大なサイズのものが多い。

前方後方墳

前部も後部も四角いかたちをしており、古墳時代前期に築造されたものが多い。中部や関東地方に多い。

帆立貝形古墳

前方後円墳の前方部が短くなった、帆立貝に似たかたちの古墳。円墳に造出しをつけたかたちという説もある。

円墳

上から見ると円形に見える古墳。古墳時代全体を通して全国で築造された。5世紀後半頃から群集墳(ぐんしゅうふん)をかたちづくるようになる。

方墳

上から見ると四角く見える、ピラミッドの形状に似た古墳。円墳と同じく、古墳時代全体を通して全国で築造された。

上円下方墳

方墳の上に円墳が乗っているような形状の古墳。古墳時代終末期(7世紀頃)に築造され、全国でも数少ない古墳。

八角形墳

上から見ると八角形に見える古墳。7世紀頃に築造されており、中国に思想の影響を受けているといわれている。

AGAWA

神奈川の古墳

人や物資が活発に行き交う
ウォーターフロント

神奈川には横穴墓が非常に多く、横穴墓内にさまざまな意匠を凝らしている。

KAN

神奈川で古墳時代前期に築造された最大規模の前方後円墳、長柄桜山古墳群の存在から、当時、海浜部の重要性があったこと、有力者たちと海に密接な関係性があったこと、物資や文化が海に開けた神奈川に豊富に入ってきたことが考えられます。また、後期に出現する横穴墓の分布密度が、都道府県単位で見ると全国１位であり、古墳と共に数多く造られています。横穴墓内には線刻画が描かれているものも多く、ユニークな絵は見ていてとても楽しいです。黄泉への道程を描き記したようなものもあって、死後の世界の観念を表現することに卓越した人々が暮らした地域であったといえるでしょう。古墳を見ながら、古代人の死生観に思いを馳せてみるのもいいですね。

●神奈川エリア ナビゲーター
かながわ考古学財団
柏木《かしわぎ》善治《ぜんじ》さん

古墳の魅力は、とにかく、「そこに、今ある」ことでしょうか。過去に造られた築造物そのものの魅力もさることながら、発掘調査をすると、どんな人物が埋葬されたのか、どんな風にその人物を弔ったのかなど、埋葬や葬送に関するさまざまな事柄が垣間見えてきます。人間の心の事象まで探求できる、そんな面白さがあります。

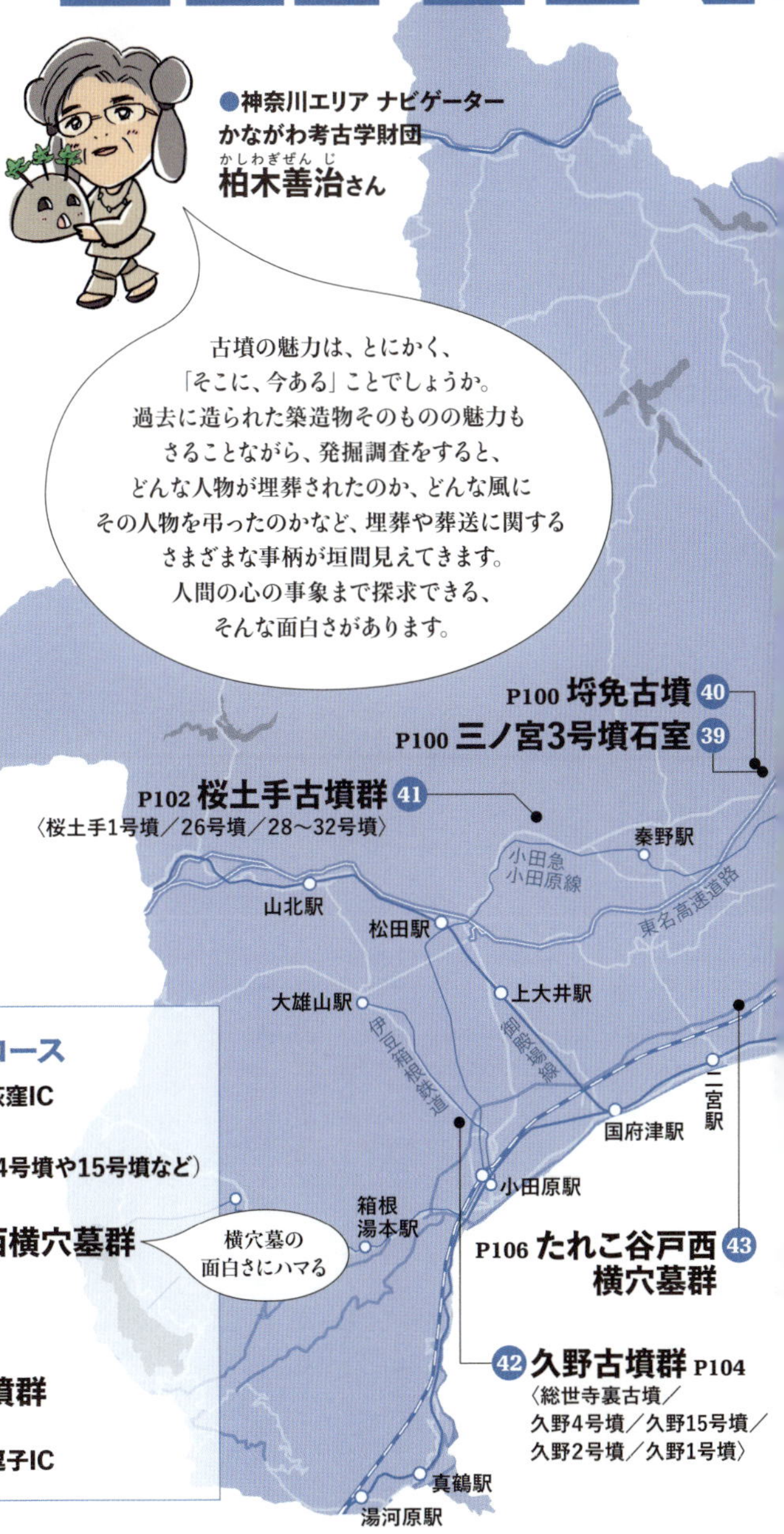

おすすめ1日コース

- 小田原厚木道路荻窪IC
  - 🚗 15分
- 久野古墳群（4号墳や15号墳など）
  - 🚗 35分
- たれこ谷戸西横穴墓群
  - 🚗 15分
- 釜口古墳
  - 🚗 60分
- 長柄桜山古墳群
  - 🚗 10分
- 横浜横須賀道路逗子IC

ポコポコと古墳が並んでいる!

横穴墓の面白さにハマる

相模湾を見下ろす気持ちのいい場所!

築造当時の姿を見たかった！

35 加瀬台古墳群《かせだいこふんぐん》

ＪＲ横須賀線の新川崎駅からさほど遠くない夢見ヶ崎動物公園内に加瀬台古墳群がある。

このあたりは細長い台地になっていて、昭和45（1970）年の調査で8基の円墳が確認されているが、都市整備などで開発が進み、現在は5基に減ってしまったそうだ。

「この3号墳は7世紀中頃の築造で、今も横穴式石室が残っている貴重な古墳です。ここからは鉄釘や麻布の断片、そして成人男子の骨片が見つかっているんです」

3号墳の横穴式石室は、崖の斜面に開口部があって、古墳自体が斜面を利用して築造されているようだ。

加瀬台古墳群では最初、4世紀後半に前方後円墳が築造されて、その

天井には立派な巨石が…。（一部コンクリート復元）

加瀬台古墳群

●川崎市幸区北加瀬1-13-1ほか

標高30mほどの細長く突き出した台地、加瀬台（夢見ヶ崎）にある古墳群。4世紀後半から7世紀後半に築造された。現在5基が残る。

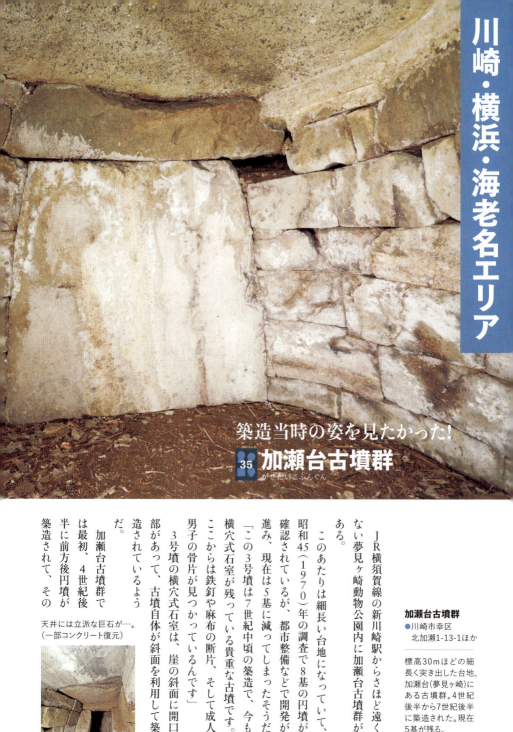

後、7世紀後半まで連綿と古墳の築造が続いた。この地域を仕切っていた首長クラスの墓だという。

「このあたりは矢上川と多摩川に挟まれた穀倉地帯だったんです。肥沃な土地で、稲作をもとに力をつけた一族が台頭して、代々で地域を治めていたんでしょう。もうひとつ、重要なのは河川交通ですね。東海道から埼玉へ向かうルートを押さえていたと考えられます」

身をかがめるようにして開口部から石室に入ってみると意外や意外、立てるほど天井が高い。上部にいくほどすぼまってドームのような形状になっている。奥壁には巨石が使われ、壁面は截石切組の手法で石を積み重ねている。L字型にカットして、交互に組み合わせた、かなり凝った造りだ。

今は消滅したが、この近くに4世紀後半に築造された白山《はくさん》古墳という前方後円墳があったそうで、三角縁神獣鏡《さんかくぶちしんじゅうきょう》が見つかっている。この地は古くから開けていて、ヤマト王権との交流もあったのだろう。

崖の上は公園になっていて、その真ん中にも古墳がある。7世紀前半に築造された加瀬台9号墳だ。

墳頂に祠があり、階段がついている。登っていくと、北東側の木立の向こうに新川崎のマンション群がそびえている。このあたりの都市開発で、多くの古墳が失われたらしい。

古墳とビル群。長い時を経て、今、2つが共存する景色はなんだか不思議だ。

夢見ヶ崎公園内には残された円墳がいくつかあるので、散策がてら探してみてほしい。

● 加瀬台3号墳

● 加瀬台9号墳

加瀬台3号墳

●円墳●墳丘長不明

●7世紀中頃

凝灰岩を用いた横穴式石室は、玄室の前に前室がある特異な構造になっている。

加瀬台9号墳

●円墳●墳丘長不明

●7世紀前半

調査で石室の石材は凝灰岩が使われていたことがわかっているが、江戸時代に盗掘されたと考えられている。

古代人の死生観を垣間見る

36 市ケ尾横穴古墳群（A群・B群）

いちがおよこあなこふんぐん

静かな住宅地の中に、突如、現れるちょっと恐ろしい怪物？と小さな子どもなら思ってしまうかもしれない。斜面を利用してボコボコと開けられた穴。昼間でも中は暗く、墓域らしいひそやかな空気が満ちている。

「市ケ尾横穴古墳群はA群・B群に分かれていて、古くから調査されて、玄室だけではなく、手前側の墓前域という空間を初めて発掘調査したんです」

この調査によって当時の葬送儀礼がわかってきたという。どんな儀礼が行われていたのだろう？ヒントになったのが須恵器の甕の破片が出土したことだ。玄室ではなく、手前の墓前域でどうやら甕を使った儀式をしていたらしい。この甕は死者に供えたものではないという。

「玄室は黄泉の国で、手前は現世。そこで生きている人たちが最後のお祀りごとを行って、儀式の終わりに甕を割ったと考えられます。同じ神奈川県内の桜土手古墳群（Ｐ１０２）で、叩き割ったような大甕が出土したことからもわかってきたことなんです。おそらく儀式の終了を知らせる、象徴的な行為として割ったのではないでしょうか」

現代でも地域によっては、個人が愛用した茶碗などを、葬式の最後に割る風習があると聞く。古代からそんな儀礼があったとすると、日本人に脈々と受け継がれた尊い習わしに感じられる。人の死と別れ。古代人がどんなふうに死を受け止めていたのか、いつか話を聞いてみたいものだ。

天井がアーチ状になって奥まで続いている。

市ケ尾横穴古墳群（A群・B群）

- 横穴墓
- 6世紀後半～7世紀後半
- 横浜市青葉区市ケ尾町1639-2
- 県指定史跡

A群、B群の約20基で構成される横穴墓群。人骨のほか装身具や武器、土師器、須恵器などが出土した。

最先端デザインのお墓かも？

37 宮ノ前横穴墓群

みやのまえよこあなぼぐん

鍛冶ケ谷市民の森のピクニックコースのような階段をずんずん上がっていく。かなり登ったところで、どかん、どかんと横穴墓群が口を開けて待っていた。

「相模湾に注ぐ柏尾川の支流、いたち川の流域には古墳時代の終わり頃、一大横穴墓群が築造されました。流域には200基以上あったそうですが消滅したものも多く、ここには5群に分かれて25基の横穴墓が残っています」

この地域の横穴墓は「棺室」という特殊な構造をしているそうだ。遺体を安置する玄室のさらに奥に、小さな空間を造るデザインだという。覗いてみると、確かに小窓のようなものが彫り込まれている。祭壇のようにも見えるし、何かを供えていたのだろうか。

「もしかすると、玄室に遺体を葬り、一定期間で骨になってから、奥の棺室に安置したのかもしれません」

そういうやり方で追葬がずっと行われていたのだろうか。随分、賢く、システマチックな方法を採用していた一族だ。

横穴墓は石を積み上げる横穴式石室と異なり、崖に直接穴を掘って築造するので、ドーム型の天井にあばら骨のような筋をつけたり、家形に掘ったりデザインの自由度が高いらしい。

「バスタブ形（造り付け石棺）の1基があったはずなのですが、あ、これだ！」

柏木さんが指差す方向を見ると、確かに四角くくりぬいたような箱型のものが入っている横穴墓があった。凝った造りで、お洒落なインフルエンサーのような人の最先端デザインのお墓だったのかもしれない。

珍しいバスタブ状の棺室。

宮ノ前横穴墓群

- 横穴墓
- 7世紀
- 横浜市栄区鍛冶ケ谷2-275-2ほか

A群11基・B群7基・C群4基・D群1基・E群2基の5群、計25基からなる横穴墓群。鍛冶ヶ谷市民の森の中に整備されている。

ダイナミックな古墳の変遷を見る

38 秋葉山古墳群《あきばやまこふんぐん》

海老名市をちょうど縦に貫くような台地の上に秋葉山古墳群がある。周りは静かな住宅地で景色がとてもよく、高台から低地を眼下に見渡すことができる。

海老名市内に6基の古墳があるとされているが、そのうちの5基は国史跡になっていて、看板を見るとL字を組み合わせたように、古墳が並んでいる。

「細い台地のかたちに沿って、古墳が築造されたんでしょう」

まず手前の1号墳から見てみよう。4世紀に築造された前方後円墳で、古墳群5基の中ではもっとも新しいとみられている。墳丘も綺麗に残っている。

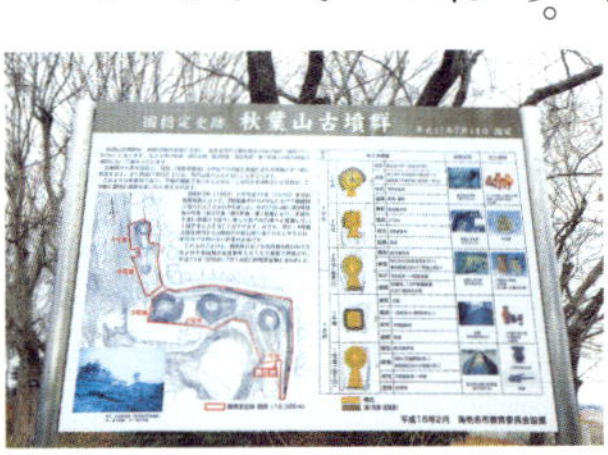

1号墳近くの看板で詳細を把握できる。

秋葉山古墳群
●海老名市上今泉4・5丁目

秋葉山古墳群は、3世紀後半〜4世紀にかけて築造された古墳群。5基の古墳が現存する。

「前方部の先端には墳丘を区画する溝も発見されています」

1号墳からは小型の丸底土器や鉄鏃が出土しているが、埴輪は見つかっていない。墳丘長は59mで5基の中で一番大きい。末裔に近くなるほど、古墳が小さくしょぼくれていかないで、大きく立派になっているのは、余計なお世話だが、他人事ながらホッとする。

地形がぐいっと左に曲がって、2号墳が現れる。側面から見ると1号墳に比べてずんぐりむっくりしたような感じがする。

3世紀末～4世紀初めに築造された前方後円墳で、くびれの麓で焚火の跡が見つかっているという。暖をとるための焚火？なのだろうか？

「おそらくは、祭祀に使ったのではないでしょうか？」

3世紀末～4世紀初めに行われていた祭祀とは…？ 墳丘の麓で火を燃やして、一体、どんなふうに死者を弔ったのだろう。見てみたい。

この古墳からは土管状の土製品が見つかっているがこれは将来の埴輪に繋がっていくようなものらしい。この地域の埴輪の黎明期なのか…？ とても興味深い古墳だ。

2号墳と縦に並ぶように3号墳がすぐ隣に見える。

「この古墳は3世紀の後半に、秋葉山古墳群でもっとも古く、一番最初に築造された前方後円墳です」

西側に眺望が開けてとても景色がいい。しかし現状の見た目は、前方部が崩れてしまって円墳にしか見えない。

戦後すぐ、このあたりには子どもたちの学園があったそうだ。この古墳も築山として遊び場になっていたのかもしれない。

「学園の写真に、前方部をステージのよう

1号墳

2号墳

なものにしてなにかイベントをやっている写真があるんですよ。そのときは前方部の高まりがあったようで、その後に平らにされてしまったようですね」

3号墳と5号墳の間に道路が通っている。

前方部がステージとは…！　確かにステージにしやすいかたちだが、被葬者にすればびっくりするだろうし、ちょっと切ないものがある。切ないといえば、2号墳と1号墳の間には　同じ学園のプールがあったという。ブロック塀が残っていて、まさにプール跡という感じで、ちょっと悲しい雰囲気がある。

3号墳から次の5、4号墳へとほぼ直角に曲がっていく。台地が急角度で曲がるその先端に、最初の古墳である3号墳が一番目立つかたちで築造されたのだろう。景色ももっとも良く、相模川を超えて、広々とした平野の先には丹沢山系の大山という山がそびえ立っている。ここからあの山の麓

3号墳

までをずーっと治めていた人物の墓なのかもしれない。

　3号墳からほぼ直角に曲がって道路の向こう側に5号墳がある。築造は4世紀中頃で、1号墳とほぼ同時期の築造とみられ、珍しく方墳だという。削られてしまっているのか、かたちはよくわからない。家々が迫っていて、古墳というより、公園の築山のようなイメージがある。

5号墳

　その奥にある4号墳はなんと前方後方墳だという。これもかたちはクリアにはわかりにくい。もっとも古い3号墳とほぼ同時期の築造とみられていて、2代目のもの？かもしれない。

　前方後方墳といえば発祥の地といわれる濃尾平野を思い浮かべるが、濃尾平野からの影響を受けているのだろうか？

「濃尾平野に限らず、神奈川の隣に位置する東海地方の影響をあらゆる時代で受けていると思います。神奈川では畿内と東海の両方の影響を受けて、だんだんと畿内の影響が強まったと思いますが、その土地土地で、自分たちにフィットする文化をつくりあげていったのではないでしょうか」

　およそ100年の間に、この細長い台地上に造り続けられた古墳群。首長の代が変わるごとにかたちを変えて、さまざまな墳形を見ることができるのはなかなか面白い。

4号墳

1号墳
●前方後円墳●墳丘長59m●4世紀
●国指定史跡

2号墳
●前方後円墳●墳丘長50.5m●3世紀末〜4世紀初め
●国指定史跡

3号墳
●前方後円墳●墳丘長51m（推定）●3世紀後半
●国指定史跡

5号墳
●方墳●一辺約20m●4世紀中頃
●国指定史跡

4号墳
●前方後方墳●墳丘長37.5m●3世紀後半
●国指定史跡

三ノ宮3号墳石室
あまり陽が差さない場所にあるせいか、三ノ宮3号墳の石室のあたりには、ふわりと神聖な空気が流れている。

相模の最高権力者一族が眠る地

39 三ノ宮3号墳石室
さんのみやさんごうふんせきしつ

40 埒免古墳
らちめんこふん

広々とした境内が非常に美しい相模国三《さがみのくにさん》之宮《のみや》比々多《ひびた》神社。この神社の歴史は古く、近隣から縄文時代後期の敷石住居や配石遺構などが見つかっていて、早くから聖地として信仰を集めてきたという。

「東名高速の開通に伴う発掘調査で、三ノ宮古墳群の存在がわかりましたが、その多くは消滅しています。その中の3号墳の横穴式石室が比々多神社に移築されているんです」

社殿の後ろに鬱蒼とした森があり、その中に石室が静かに佇んでいる。

「無袖式（P189）で、ずどーんとまっすぐ奥まで伸びています。石室の部分で7・5mあるので、相模では最大の長さを

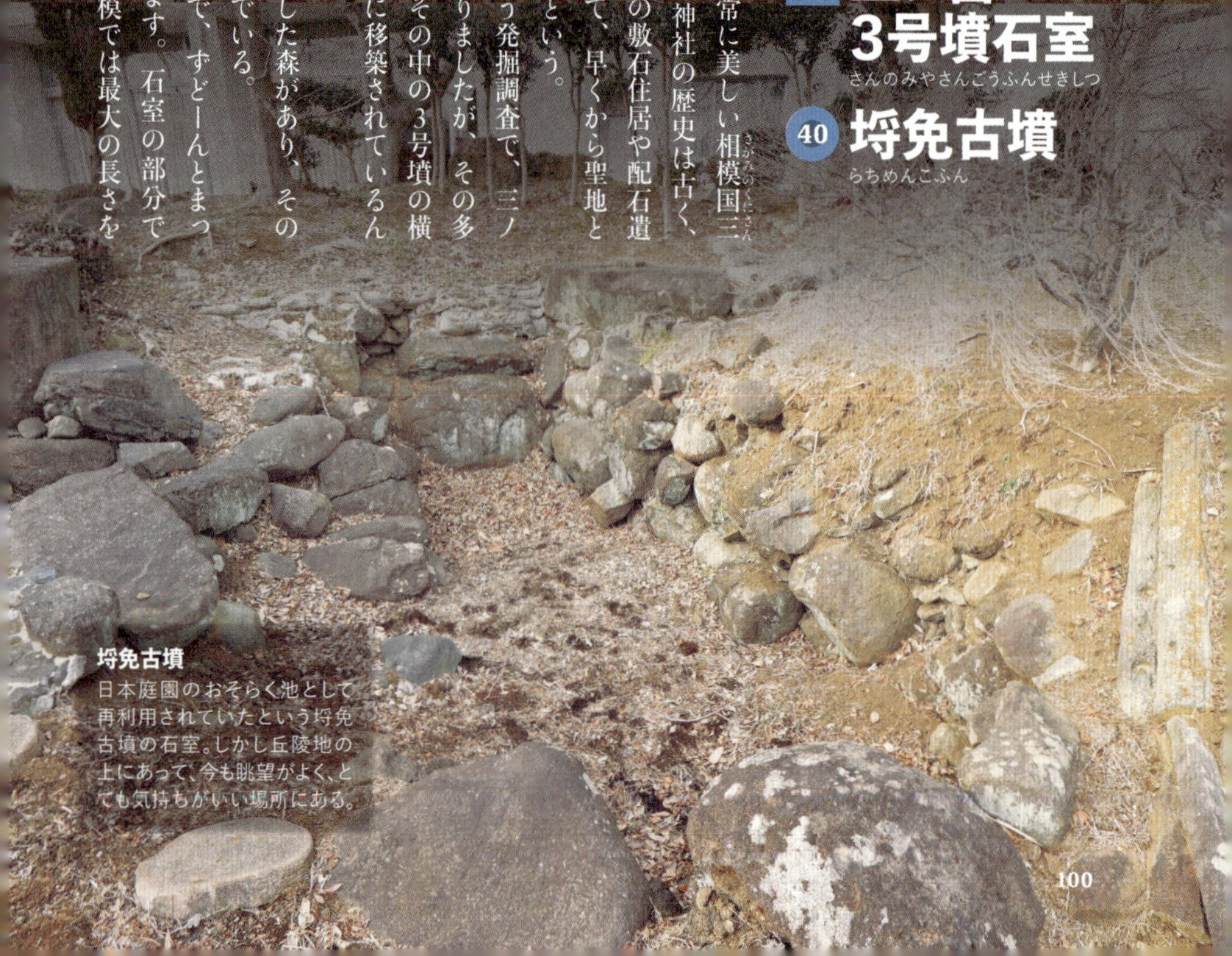

埒免古墳
日本庭園のおそらく池として再利用されていたという埒免古墳の石室。しかし丘陵地の上にあって、今も眺望がよく、とても気持ちがいい場所にある。

誇っています」

古墳本体の大きさは20mほどの円墳だと予測されるそうだ。玄室ではなく、手前の空間から須恵器の甕の破片が見つかったらしい。祭祀で使ったものなのだろうか？

「現世の人が死者を黄泉の国に送るため、最後に叩き割ったものかもしれません。玄室の口を閉めた後に、ガチャンとあえて音を立てて割ったと私は考えています」

しんとした聖域の森の奥に、今にもガチャンという音が響いてきそうな気がする。

◎

比々多神社の裏手には、ぶどう畑が続いていて山に向かって緩やかな上り坂になっている。その先に、もと女子短期大学だった建物がポツンと立っている。校舎の建て替え調査のときに、偶然発見されたのが埒免古墳だ。取材のために特別に敷地内に入れてもらう。

「横穴式石室からは飾り大刀や鏡、金を貼った馬具など、豪華な副葬品が出土しました。古墳の規模は直径40mと推定されていて、地域ではこの時期最大規模であり、副葬品の見事さからも、相模一帯の最高権力者の墓と考えていいと思います。三ノ宮3号墳の被葬者の一族と考えられますね」

6世紀末から7世紀初めの築造で、石室の奥壁は相模一帯で一番大きな巨石を使っているという。グリーンがかって見えるのは、玉などの素材になるグリーンタフという種類の石らしい。築造当時はもっと艶やかな緑色で美しかったのではないだろうか。

この石室、以前は大学構内の日本庭園の池として使われていたという。いや、だからこそ立派な姿で残ることができたのかもしれない。しかも校舎も立派なまま残されている。古墳上の校舎を活用して「古墳大学」なるものをつくって、全国の古墳研究の拠点にできないか？という夢のような妄想話で柏木さんと盛り上がりながら、風が吹きわたるぶどう畑を戻っていった。

三ノ宮3号墳石室

- 無袖式の横穴式石室
- 7世紀前半頃
- 伊勢原市三ノ宮1472

墳丘は消滅しているが、雲珠（うず）、鉄鏃、鉄鎗、刀子、直刀、須恵器などが出土している。

埒免古墳

- 円墳●直径40m
- 6世紀末〜7世紀初め
- 伊勢原市三ノ宮1436
- 市指定史跡

学校敷地内のため一般公開はしていないが、三之宮郷土博物館で銅鏡や銀装大刀などの出土品を見ることができる。

古代・相模を知る手がかりが満載

三之宮郷土博物館

さんのみやきょうどはくぶつかん

比々多神社に併設している郷土博物館。古文書や神器具などの比々多神社関係の考古資料をはじめ、市指定文化財である埒免古墳からの銅鏡や大刀などの出土品、近くの登尾山（とおのやま）古墳から出土した円筒埴輪、家形埴輪、装飾大刀、銅鏡、刀子、鉄鏃、五獣形鏡（ごじゅうけいきょう）、馬具などの出土品を所蔵、展示している。

- 伊勢原市三ノ宮1472
- ☎0463-95-3237

入館料／大人200円
開館時間／9:00〜16:00
休館／年末年始、例祭日（4/22）、節分

円墳だけ！の壮大な群集墳

41 桜土手古墳群

さくらどてこふんぐん

1号墳（復元古墳）は二段築成で、墳丘には葺石が葺かれている。

伊勢原市から西へ、善波峠《ぜんばとうげ》を越えるとそこは秦野市。市の真ん中を流れる水無川《みずなしがわ》の中流あたりの平地に、桜土手古墳群が築造されている。35基の古墳が確認されているがすべて円墳で、県内でも最大規模だそうだ。35基がポコポコポコと並んでいる様子はさぞ、壮観だったはずだ。

桜土手古墳公園内には、現在、復元古墳1基と保存古墳6基がある。ポコポコと円墳が並ぶ公園の奥に1基、威容を誇っているのが、推定復元された桜土手1号墳だ。

横穴式石室は天井石の上に粘土をかぶせ、さらに小石を充填しているという。雨漏りを防いで強度を高め

公園内に円墳が並ぶ姿が微笑ましい。

桜土手古墳群

●秦野市堀山下380-2

●市指定史跡

7世紀後半〜8世紀にかけて円墳が築造され続けた、県内でも最大規模といわれる古墳群。

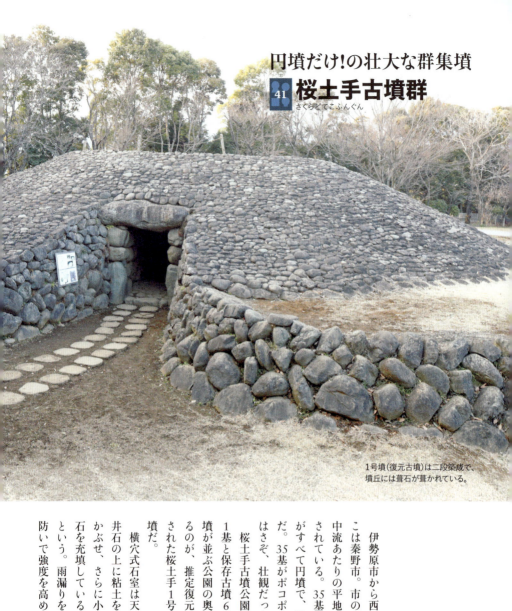

るためのものらしい。古墳の築造方法がかなり発展しているように思う。側壁の積み石もしっかり固定するために、砂利などを詰め込んでいる。

「川原石を積み上げて石室を造るのですが、墳丘内に埋め殺しの石垣を造っています。土留めのために石垣を築いて、それをドーナツ状に広げていくんです。土を盛ってしまうと石垣は見えなくなってしまうのですが、桜土手古墳群ではそれが特徴的なんです」

最新技術を駆使して、いろいろ凝った造りをした人たちがいたのだろうか。

「ちょっと突飛もない想像ですが…」

いえいえ、そういうのは大歓迎です！

「あくまで予測ですが、このあたりは盆地で農地の開拓もしにくかったはずなのですが、新しい技術を導入して開拓する一群がこのあたりに入植してきたのかもしれません。古墳も伝統的な造りではなく、補強方法も優れた新しいやり方を導入するような人々です」

ローカルな相模人とは異なる一族が山岳地帯からやってきて、このあたりを開発した可能性があるという。山々の稜線が連なるあたりに、ちょうど夕陽があたって見事な色彩に染まっていく。山岳から平地へ、平地からまた峠を越えて…。新天地を求めてドメスティックな移民が活発に行われ、個性豊かな古墳が築造されていったのだろうか。

公園内の桜土手古墳展示館では当時の古墳群のジオラマを見ることができる。円墳だけが延々と続く様子は、壮大な、未来の宇宙基地のようにも思える。古墳の実物とジオラマをぜひセットで楽しんでほしい。

桜土手1号墳（復元古墳）
●円墳●直径28m

本来の1号墳とはちがう場所に復元されている。

26号墳、28〜32号墳
●円墳
●7世紀後半〜8世紀にかけて築造

大古墳群の全容に触れる

桜土手古墳展示館

さくらどてこふんてんじかん

桜土手古墳群から出土した遺物をはじめ、秦野市内の原始・古代の考古資料（石器・土器など）を展示。桜土手古墳群のジオラマはとくに見応えがある。また1号墳から出土した須恵器の大甕の実物には故意に割った跡があり、古代の祭祀を窺い知ることができる。現在、総合的な歴史博物館への移行を目指している。

●秦野市堀山下380-3
✆0463-87-5542
入館料／無料
開館時間／9:00〜17:00（入館は〜16:30）
休館／月曜（祝日の場合は翌日）、年末年始

7世紀に台頭した首長一族の墓

42 久野古墳群《くのこふんぐん》

久野古墳群

足柄平野の一番奥まったところの久野諏訪原丘陵の上に、6世紀の後半から7世紀にかけて築造された古墳群。

総世寺裏古墳《そうせいじうらこふん》

久野には、戦前、「久野百塚」といわれるほどたくさんの古墳があったという。

その一番奥にあるのが総世寺裏古墳だ。道路ぎわの小さな空き地のようにしか見えないのだが、道路の建設工事中に石室が見つかり、その後、保存・公開されている。

「石室の床が面白くて、根府川石《ねぶかわいし》という板状に剥離する石を1枚目に敷いて、まずそこに埋葬する。その後、コブシ大の石をパラパラと敷き詰めて、またその上に新たな遺体を埋葬したようです」

久野1号墳

横穴式石室の奥から手前に追葬するのではなく、上下に重ねて床を造り直して長い期間使用するとは、なかなかユニークだ。

また副葬品として大刀や銅鋺などが見つかっているが、中でも銅鋺は非常に貴重で、かなり力のある被葬者だったようだ。総世寺裏古墳を皮切りに、その後、この丘陵上にどんどん古墳が築造されたという。

丘陵に沿ってみかん畑がずっと続いている。みかん畑に囲まれるような場所に、久野4号墳の盛り上がりが見えた。直径約20mの円墳で横穴式石室の開口部がある。石室の側壁は自然の川原石を積み上げていて、なかなか洗練された美しい石積みだ。

15号墳は墳形が完全に崩れ、むき出しの

久野4号墳

石室が復元されている。須恵器《すえき》横瓶《よこべ》や甕、直刀などが出土した。なかなか大きな石室で墳丘が残っていれば、立派な古墳だったのではないだろうか。久野2号墳は藪が深く茂り、ぐるりと回ってみたが墳形ははっきりとわからない。しかし、ここからは鉄製銀象嵌倒卵形鐔付《てつせいぎんぞうがんとうらんがたつばつき》大刀《たち》をはじめとする4振の大刀や、大量の玉類が出土している。さほど大きなサイズではないけれど、なんともリッチな古墳だ。

丘陵の一番端っこにある久野1号墳は、直径39mの大きな円墳で、県下最大級の規模を誇り、墳丘も綺麗に残っている。「地元では王塚とか百塚の王と呼ばれており、一族の中でもっとも力のある人物だったのかもしれません。足柄平野を見下ろす絶好の位置に造られていて、逆に平野部からも1号墳の姿はよく見えたはずです。7世紀になると久野古墳群の築造が急に活発になって、豪華な副葬品も出土していることから、新たな勢力が台頭してきたのでしょう」

勢力争いに勝った一族が海と平野を見下ろすこの丘陵に古墳を造り続けたのだろう。

古墳の近くの無人ボックスでいろいろな種類のみかんを詰め合わせて売っていたので、思わず1袋買ってしまう。古墳みかん(勝手に命名)は、とても瑞々しくて甘酸っぱかった。

久野15号墳

久野2号墳

総世寺裏古墳
●円墳●直径17m●6世紀後半
●小田原市久野

石室を保存・公開。大刀などの副葬品とともに5体の遺体が埋葬されたと考えられている。

久野4号墳
●円墳●直径約20m●7世紀
●小田原市久野●市指定史跡

葺石を持つ古墳で、床面に板状の石が敷かれ、奥壁は扁平な一枚石、側面は大小の石を用いている。

久野15号墳
●円墳●直径不明●7世紀
●小田原市久野

天井石が崩落し、残った石室を復元。羨門に向けて狭まっていく「船形」のかたち(胴張り)になっている。

久野2号墳
●円墳●直径20m●7世紀
●小田原市久野

出土した鉄製銀象嵌(ぎんぞうがん)の大刀の鐔(つば)は8つの穴が空いた八窓式で、表裏に渦巻文や円弧文などの銀象嵌が施されていた。

久野1号墳
●円墳●直径39m●築造時期不明
●小田原市穴部44●市指定史跡

丘陵の一番東側にあり、周溝を含めると60mを超える規模と推定されている。

個性的な古墳が揃い踏み！

43 たれこ谷戸西横穴墓群《たれこやとにしよこあなぼぐん》

44 釜口古墳《かまぐちこふん》

神奈川は狭い面積に3200基もの横穴墓があるそうだが、大磯エリアでは立て続けに2つの横穴墓群を見ることができた。

たれこ谷戸西横穴墓群は細い山道を登った尾根の斜面に築かれ、28基が確認されている。中に入ってハッとした。天井全面にあばら骨のような筋が入っている…！

「家形横穴墓といって家のかたちを表していて、筋は垂木のような感じですね」

アーチ型の天井に、壁から壁にまたがるように何本も筋状のものを彫り込んである。家というよりは巨大なあばら骨にしか見えないし、巨大な生物に飲み込まれて、その中にいるような気分になってくる。

一番右の穴には奥壁に仏像が彫られているが、近世になって信仰の場所となったようだ。後世に人の手が加わってはいるが、深い自然に抱かれて、古墳時代の原風景はこんな感じだったのではないかと思う。◎

釜口古墳は柏木さんが長

たれこ谷戸西横穴墓群は、入り口のサイズ感と異なり、中に入ると意外な広さに驚く。

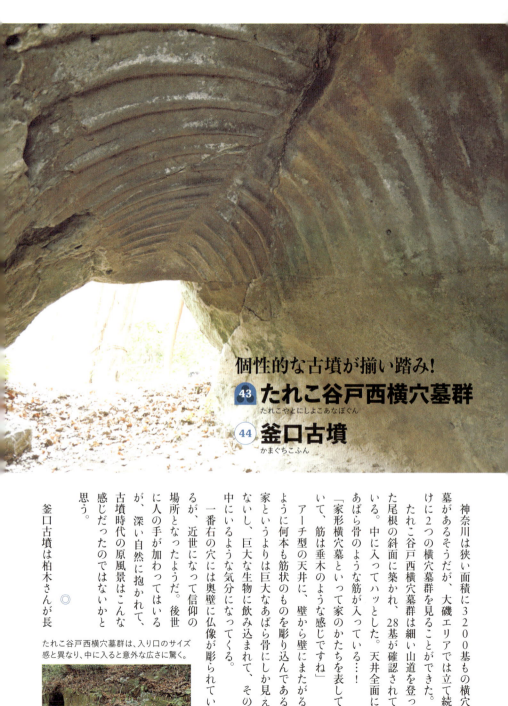

釜口古墳の墳丘はほとんど削られてしまっているが、見事な石室が残っている。

年、研究対象にしてきた古墳で、特別に許可を得て、石室に入れてもらうことができた。

「ソワソワしますね」

柏木さんの笑顔を見ているとこちらもワクワクする。中に入ると天井が高く、奥壁も天井石も側壁もとんでもなく大きい…！

「側壁が床石の上にきちんと乗っているんです。通常は側壁の内側に床石を敷き詰めるのですが、この古墳は床石を先に設置してその上に側壁の石を乗せています。古墳時代終末期の築造法ですね。あと側壁が奥壁に寄りかかる感じで、接合面をぴったりと合うよう加工している点も高度な技術が見られます」

とくに天井石の大きさは半端ない。相模ではこれほどの巨石が古墳に使われているのは珍しいそうだ。どの石も角がシャープにカットされて、エッジがとても美しい。石の加工技術が格段にアップした時代なのだろう。

たれこ谷戸西横穴墓群

●横穴墓群●28基を確認
●7世紀●大磯町虫窪●県指定史跡

大磯町美化センター裏の尾根の斜面に4段にわたって構築されている。天井の筋状の彫りは、家の軒と垂木を表していると考えられている。

釜口古墳

●墳形不明●墳丘の大きさ不明
●7世紀後半●大磯町大磯●県指定史跡

須恵器・鉄鏃片・青銅製散蓮華(ちりれんげ)形小匙が出土した。小匙は非常に珍しく、仏教関連の銅製品で貴重な資料になっている。

横穴墓について詳しく学べる

大磯町郷土資料館

おおいそまちきょうどしりょうかん

大磯町の考古・歴史・民俗・自然の4分野について「湘南の丘陵と海」をテーマに、縄文時代から古代の大磯を考古資料から丁寧に紹介。大磯丘陵は全国でも屈指の横穴墓群密集地域であり、常設展示室では横穴墓の復元模型を展示している。かつて三井家の別荘があった地に立つ資料館の外観は、当時の城山荘をモチーフにしている。

●大磯町西小磯446-1
☎0463-61-4700
入館料／無料
開館時間／9:00～17:00(入館は～16:30)
休館／月曜、毎月1日、年末年始

平成の世に蘇ったクールガイな古墳

45 長柄桜山古墳群

ながえさくらやまこふんぐん

長柄桜山古墳群

平成11（1999）年3月に、逗子市と葉山町の境にある丘陵で新たに発見された1号墳、2号墳の2基からなる古墳群。

1号墳

相模湾を見下ろす住宅地の裏山と思われていた場所で平成11（1999）年、墳丘長91・3mの大型の前方後円墳が発見された。

「発見者は古墳愛好家で、どうもこの盛り上がりは古墳ではないか？と怪しんでいたそうです。毎日、散歩をしていて、ある日、埴輪の一片を発見して、古墳だ！ということがわかり、我々研究者も大騒ぎになりました（笑）」

古墳を愛する人が古墳を発見するとは！　なんと羨ましい、幸せな人だろう！

その1号墳は丘陵の岩盤を削り出して、盛土をしている。後円部墳頂に竪穴式粘土槨の埋葬施設があり、それを囲むように埴輪が並べられていたという。墳丘からは田《た》越川《ごえがわ》に沿って広がる逗子の街を見渡すことができる。

2号墳は1号墳からさらに奥まったやや高い場所に築造されている。川原石の葺石が葺かれていて、円筒埴輪や壺形埴輪が見つかっている。

「築造時期はどちらが古いか微妙なのですがこれだけの至近距離に築造されていることから、被葬者は近しい関係だと思います」

2号墳

1号墳

●前方後円墳●墳丘長91.3m●4世紀後半
●逗子市桜山7丁目、葉山町長柄字芳ケ久保●国指定史跡

逗子湾から望むことを想定したのか、西側を整ったかたちに造り出している。祭祀に使われた土器も見つかっている。

2号墳

●前方後円墳●墳丘長88m●4世紀後半
●逗子市桜山8丁目、葉山町長柄字下小路●国指定史跡

前方部が後円部より幅広になり、前後の墳丘の高低差が1号墳より小さい。川原石や丘陵岩盤の泥岩を用いた葺石が施されていた。

詳しい調査は1号墳しか行われていないが、2号墳もお宝をいろいろ抱えていそうな気配がむんむんする。2号墳からは相模湾を望むことができ、天気が良ければ富士山も見えるという。この贅沢な眺望だけでも、ハイソサエティな被葬者をイメージさせるのに十分だ。

「このあたりはまず海運があり、田越川を使った河川の水運があり、さらに南の三浦半島の集落とも繋がって運輸・交通の要だったはず。海運、水運を掌握し、この地域を引っ張っていった強大なリーダーの墓なのでしょう」

4世紀後半まで空白地帯だった三浦半島の付け根に、突如現れた2基の大型古墳。海を渡り、川を遡る人々にその堂々たる姿を見せつけたにちがいない。2基ともシュッとしていて、クールなイケメン兄弟を妄想させる。とにかく、かなり、相当、カッコいい古墳なので、なにもいうことはない。大満足である。

KOFUN MORE in KANAGAWA
古墳のあとにちょっと寄り道〜神奈川〜

写真提供:(公社)神奈川県観光協会

小田原城《おだわらじょう》

難攻不落の名城から なんと埴輪が出土!!

戦国大名である小田原北条氏の居城となり日本最大の中世城郭として発展した。2009年の調査で、なんと城の堀から小田原市初の壺形埴輪が出土! ここに古墳が築造されていた可能性をうかがわせる大発見となった。

●小田原市城内

猿島《さるしま》

東京湾唯一の 無人島に行こう!

360°海に囲まれた小さな島では、かつて砲台が置かれた要塞の島としての歴史散策、海水浴やフィッシングのほか、バーベキューなど1日中、楽しく遊べる。地元の食材を味わえるテイクアウトレストランや売店もある。

●横須賀市猿島

よこすか海軍《よこすかかいぐん》カレー

海の男たちの 金曜定番昼食を堪能

海上自衛隊で長い航海の間、毎週金曜日のお昼に必ず食べるのがカレーだ。明治41年発行の「海軍割烹術参考書」のレシピをもとに再現。レトルトの持ち帰りはもちろん、「横須賀海軍カレー本舗」でイートインもできる。

●横須賀市若松町1-11-8
YYポート横須賀(横須賀海軍カレー本舗)

古墳の埋葬施設から発見されたもの

古墳からはさまざまなものが出土している。鏡をはじめ、甲冑などの武具、大刀や刀子《とおす》などの武器、馬具、勾玉や玉類といった装飾品など、これらは被葬者に供えられたもので副葬品と呼ばれている。

被葬者の持ち物だったり、あるいは被葬者を守るため、儀式に使われたものなど、さまざまな意味があると考えられている。

中でも三角縁神獣鏡に代表される鏡は重要な副葬品で、ヤマト王権から与えられたものと考えられている。鏡を所有していた被葬者はヤマト王権との関係の深さが窺える。

武器や武具は実際に戦に使ったのではなく、儀式などの際の最高礼装として装ったのではないかともいわれている。

埴輪のひみつ

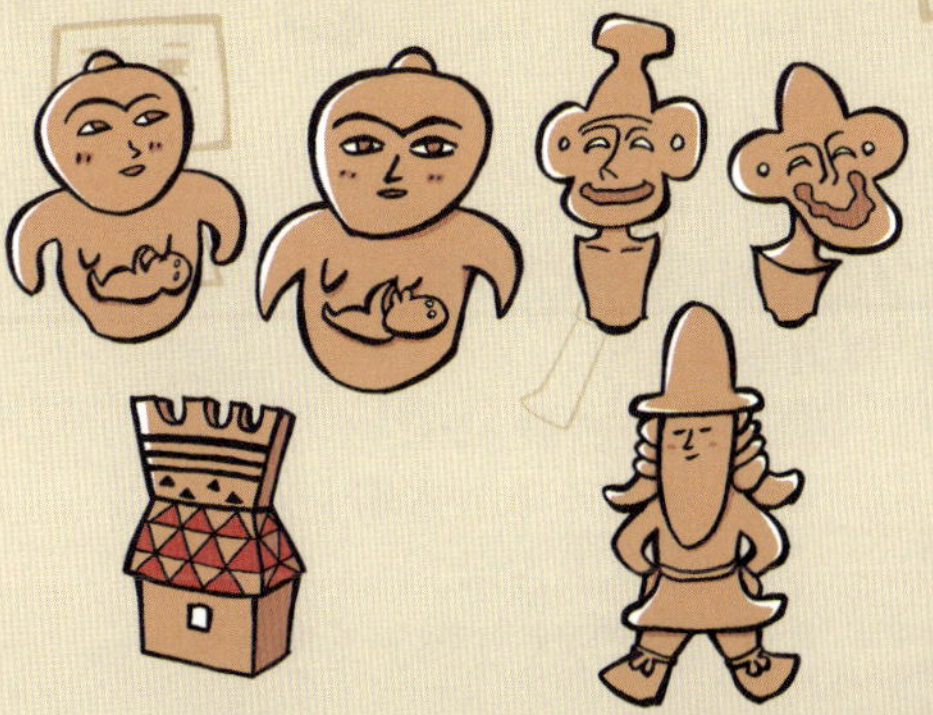

古墳から出土するもので、ビギナーにとっても面白いのが埴輪だ。円筒埴輪をはじめ、人のかたちや家のかたち、水鳥、馬、鹿などの動物などなど、その種類はさまざま。

埴輪は一体何のためにつくられて、飾られていたのだろうか? 古墳の周囲に並べる円筒埴輪や盾形埴輪は結界をつくって古墳を守るため、円筒埴輪をはじめ、家や人物、動物などの形象埴輪を並べて儀式の様子を表している、など諸説ある。

それぞれの埴輪のかたちにも意味があるらしい。たとえば、水鳥や船は被葬者の魂を黄泉の国に運んでくれる、家形の埴輪は実際に被葬者が暮らしていた居館を表している、あるいはあの世にいっても同じような家で暮らせるようにとの願いを込めたなど、なるほどと思えてしまう。

いずれにせよ、関東の埴輪は非常にクオリティが高い。デザインも表情も表現力が豊かで、緻密で美しいのだ。

古墳に併設した資料館などで展示をしているので、約1500年前につくられた素晴らしい造形物にぜひ触れてみて。

GUNMA

群馬の古墳

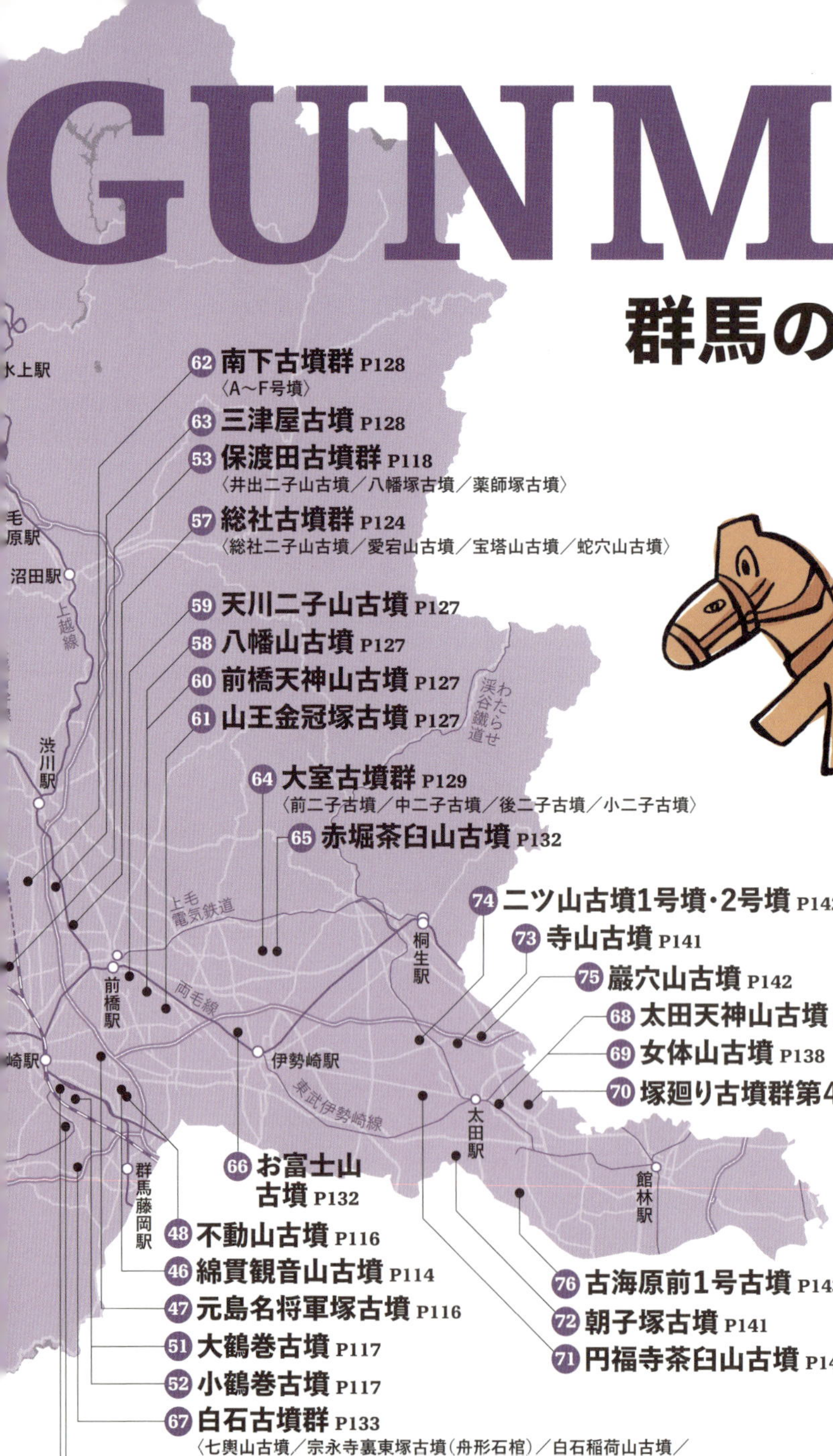

62 南下古墳群 P128
〈A～F号墳〉

63 三津屋古墳 P128

53 保渡田古墳群 P118
〈井出二子山古墳／八幡塚古墳／薬師塚古墳〉

57 総社古墳群 P124
〈総社二子山古墳／愛宕山古墳／宝塔山古墳／蛇穴山古墳〉

59 天川二子山古墳 P127

58 八幡山古墳 P127

60 前橋天神山古墳 P127

61 山王金冠塚古墳 P127

64 大室古墳群 P129
〈前二子古墳／中二子古墳／後二子古墳／小二子古墳〉

65 赤堀茶臼山古墳 P132

74 二ツ山古墳1号墳・2号墳 P142

73 寺山古墳 P141

75 巖穴山古墳 P142

68 太田天神山古墳 P138

69 女体山古墳 P138

70 塚廻り古墳群第4号古墳 P140

66 お富士山古墳 P132

48 不動山古墳 P116

46 綿貫観音山古墳 P114

47 元島名将軍塚古墳 P116

51 大鶴巻古墳 P117

52 小鶴巻古墳 P117

67 白石古墳群 P133
〈七輿山古墳／宗永寺裏東塚古墳（舟形石棺）／白石稲荷山古墳／伊勢塚古墳／皇子塚古墳／平井地区1号古墳〉

50 山上古墳・山上碑 P117

49 浅間山古墳 P117

76 古海原前1号古墳 P143

72 朝子塚古墳 P141

71 円福寺茶臼山古墳 P140

古くから放牧が盛んだった群馬では優れた馬の埴輪が多数出土。

質、量ともに群を抜く充実度！一度訪ねればきっとハマる、「古墳王国」

関東で古墳を見るなら絶対に外せないエリアが、群馬県です。前方後円墳をはじめとする古墳の量の多さもさることながら、早くから古墳の保存に力を入れてきたこともあり、墳丘や石室の保存状態が非常によく、登れる古墳や入れる横穴式石室が目白押しです。石室から見つかった副葬品もバラエティに富んで、クオリティも非常に高く、見応えも十分。さらに浅間山や榛名山《はるなさん》の火山の爆発によって、火山灰でコーティングされた地層からは古墳時代の首長の居館や人々の集落が発見され、古墳時代の貴重な遺物をリアルに見ることができます。県内には東国一大きな古墳、太田天神山古墳があり、古墳時代、東国の雄として、ヤマト王権が重要視した地であることはまちがいないでしょう。

●群馬エリア ナビゲーター
群馬県立歴史博物館
徳江秀夫《とくえひでお》さん

群馬には多くの古墳がありますが、たとえば古墳群と古墳群の距離感を見ると、そのエリアを治めていた支配者たちのテリトリーがだんだんわかってきたりします。反対にポツンと離れている古墳があったりすると、独立独歩の被葬者だったのだろうか?と考えたり…。そういう歴史の人的ムーブメントが見えてくるのも古墳の醍醐味ですね。

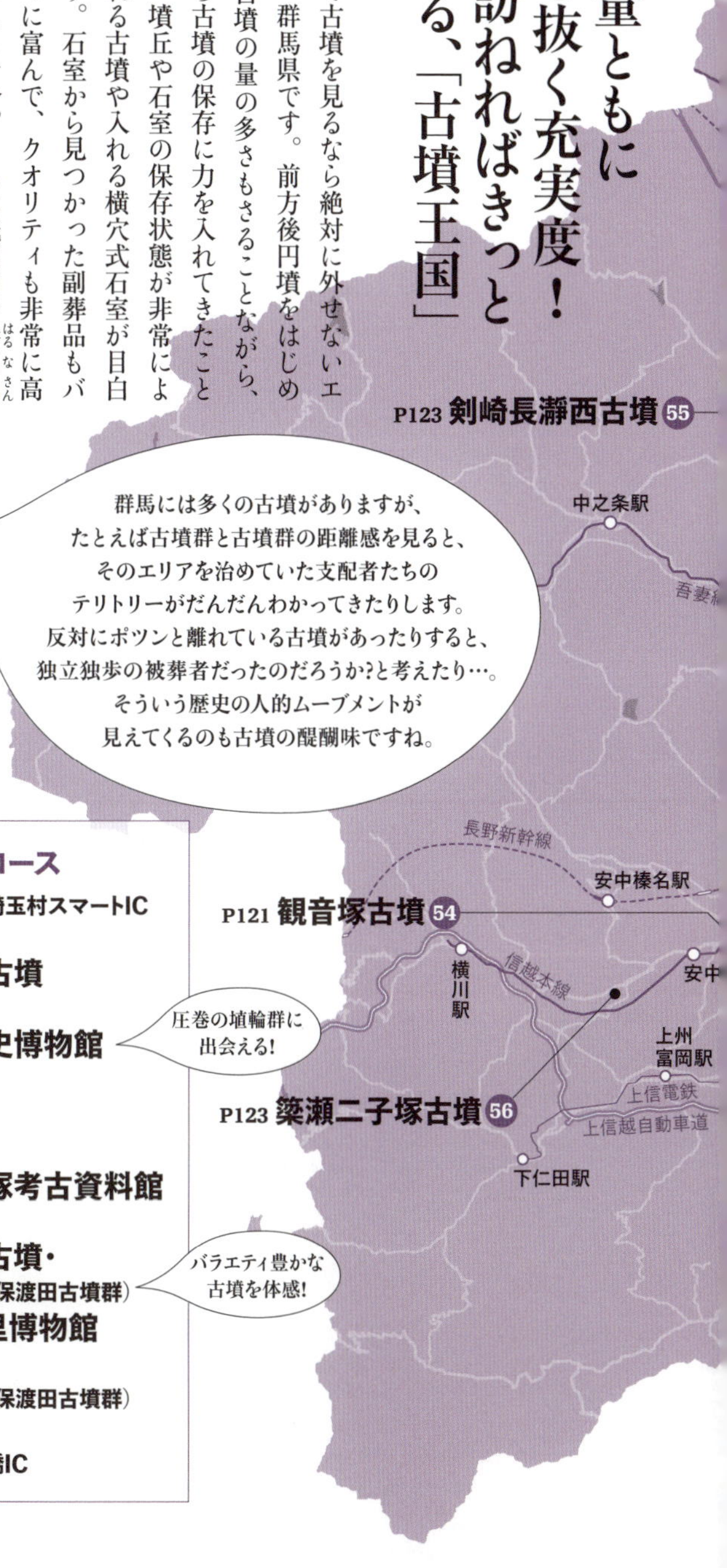

おすすめ1日コース

- 関越自動車道高崎玉村スマートIC
  - 車 3分
- **綿貫観音山古墳**（とにかく雄大! 気持ちがいい古墳）
  - 車 5分
- **群馬県立歴史博物館**（圧巻の埴輪群に出会える!）
  - 車 40分
- **観音塚古墳**
  - 徒歩 すぐ
- **高崎市観音塚考古資料館**（美しい展示品に感動）
  - 車 20分
- **井出二子山古墳・八幡塚古墳**（保渡田古墳群）（バラエティ豊かな古墳を体感!）
- **かみつけの里博物館**（何時間でも滞在したくなる!）
  - 徒歩 10分
- **薬師塚古墳**（保渡田古墳群）
  - 車 20分
- 関越自動車道前橋IC

雄大。もうこの言葉しか思い浮かばない。群馬の青空をバックに、堂々とそびえる小山のような前方後円墳、綿貫観音山古墳。群馬県内で初めて訪れた古墳は、ほんとうに凄すぎた。

1500年前に築造されたこの古墳は、県下最大の、しかも未盗掘の横穴式石室を持っていた。玄室の奥行き8・2m、幅3・8m、高さ2〜3m。石室もまた壮大だ。まずは石室に入ってみる。奥壁と側壁は、ブロック状に加工された石が、すっきりと積み上げられていて、じつに美しい。洗練されたラグジュアリールームといったイメージか。

「古墳時代に2回、榛名山が噴火しているのですが、その2回目に降り注いだ角閃石安山岩という石を加工しているんです」

角と角がシュッと四角くシャープにカットされていて、古墳時代の人が鉄の道具で削った痕跡もしっかりと残っている。角閃石安山岩を美しく、規則的に積み上げており、重機もない時代にこの完成度の高さ！

言葉にならぬ感動が押し寄せる!

46 綿貫観音山古墳《わたぬきかんのんやまこふん》

青空のもと、ゆったりと深呼吸をしているような綿貫観音山古墳。

当時の設計担当者はどれほどの才能に恵まれた人だったんだろう。

「石室の床には川原石が敷き詰められているでしょう？ 玄室の一番奥の手前に仕切りがあって、おそらく遺体を寝かせていたと考えられます。じつは壁面から鉄製の鉤状フックのようなものが見つかっているのですが、玄室内に布を幕のように垂らしていたのではないかと考えられています」

なんとモダンな！ いかに高い文化があったのか計り知れない。説明する徳江さんの顔も誇らしげに見える。古墳築造は苦役だったという説もあるが、さまざまな技術のあとを見ると、誇りや喜びのような、ポジティブな思考を感じる。敬愛する自分たちの王（首長）の墓を造る仕事に参加する人々の喜びが、石室の石積みの一つひとつから、じんじんと伝わってくる。

この古墳は副葬品もまた素晴らしい。昭和43（1968）年の発掘調査では、人骨1体が見つ

石室最奥の床には、白っぽい軽石が並べられ、特別な空間になっていたのだろう。特別な空間に眠っていた、特別な人物とはどんな人だったんだろう。

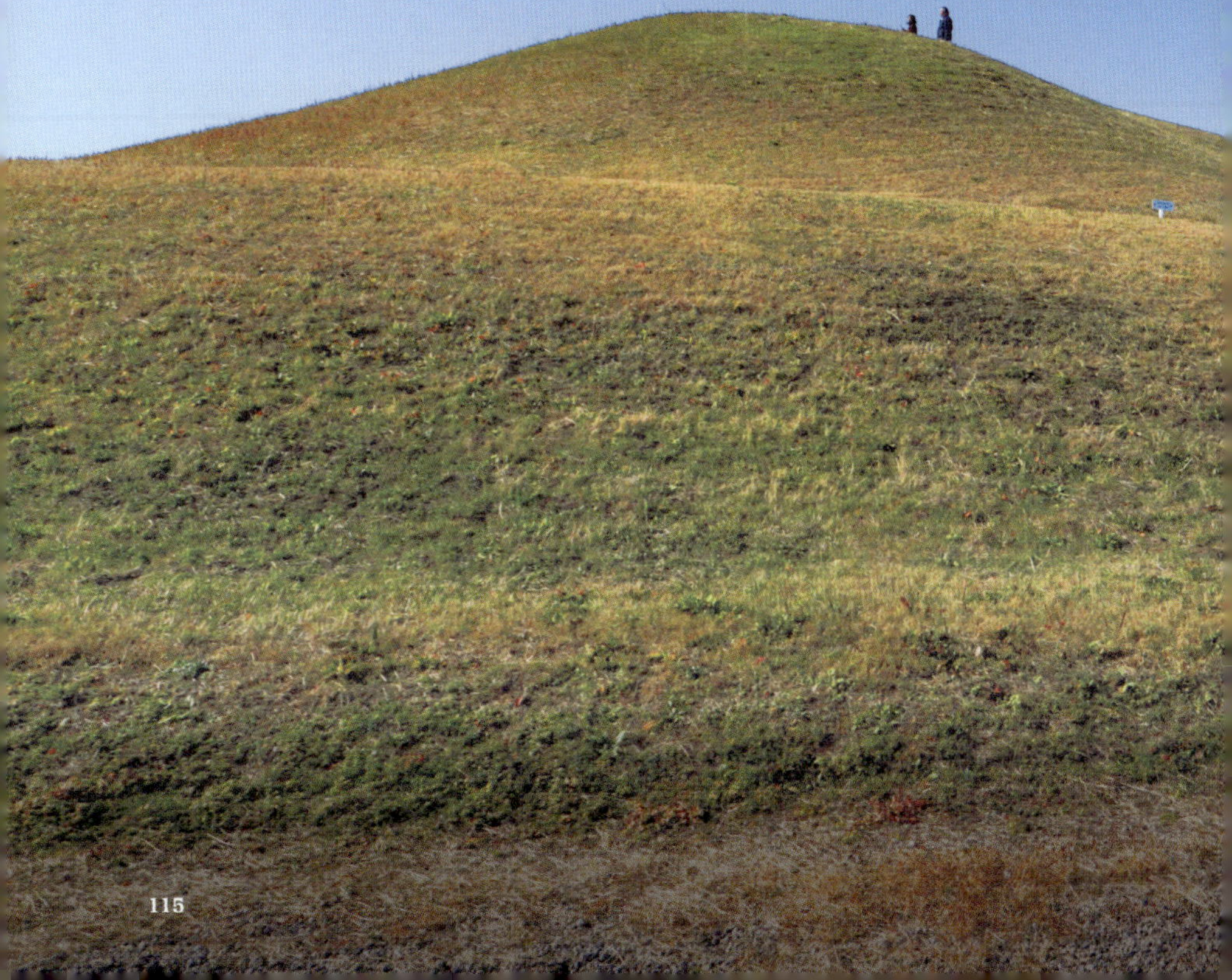

かっており、銅鏡2面、銅製水瓶、甲冑、大刀、金銅製馬具、「楽器の弦を爪弾く三人の女子」の埴輪など、絢爛たる副葬品が次々と出土した。発掘を担当した研究者たちはその様子に言葉を失うほどだったという。これらの出土品は、群馬県立歴史博物館で見ることができる。

石室から出て、墳丘に登る。見渡す限りの広い広い平野。筆者のように関西から来た者には、この広大な平野の規模が信じられない。

山が遠いのだ。遥か遠くに赤城山、榛名山、浅間山が見える。そこまでがとにかく遠い。

新潟、長野、栃木、埼玉に囲まれて、上毛野という強大な国だった群馬。今でいう県境、当時でいう国境を見渡す場所に築造された素晴らしき古墳。築造は、おそらく畿内から来た土師氏《はじし》のような技術者集団が指導したとも考えられており、東西の交流の記憶が生き生きと残されている。そして、あえて難しい工法にチャレンジする精神性。さらに美しく、高度に、高みを目指す姿勢は、まさに日本人の仕事観そのもの。古墳はヤマト魂の原型を映し出すものなのかもしれない。なにもかもがダイナミックに発展していった時代の古墳。墳頂に立つと、晴れ晴れとして、全身に力が漲ってくる。

細やかな描写まで息を飲むほど美しい。「楽器の弦を爪弾く三人の女子」。

綿貫観音山古墳

●前方後円墳●墳丘長97m●6世紀後半
●高崎市綿貫町1752●国指定史跡

事前に申し込みをすれば石室見学ができる。問い合わせ先／群馬県教育委員会文化財保護課✆027-226-4684

周辺の古墳

47 元島名将軍塚古墳 もとしまなしょうぐんづかこふん

4世紀前半築造の群馬県最古の古墳のひとつで墳丘長95mの前方後方墳。後方部墳頂に壺形土器が並べられていた。粘土槨の埋葬施設が発見されている。市指定史跡。

48 不動山古墳 ふどうやまこふん

5世紀後半に築造された墳丘94mの前方後円墳で北側に造出しがある。墳頂に不動尊堂があり、その裏に凝灰岩製舟形石棺が置かれている。市指定史跡。

豊富な展示内容に、我を、時間を忘れる!

群馬県立歴史博物館

ぐんまけんりつれきしはくぶつかん

「群馬の森」の中にあり、平成29(2017)年に展示を一新し、リニューアルオープンした博物館。目玉はなんといっても「東国古墳文化展示室」だろう。古墳大国らしく、綿貫観音山古墳の素晴らしい出土品をはじめ、国の重要文化財を間近で見ることができる。装身具、武器、馬具、埴輪など貴重な展示品がぎっしりと並ぶさまは壮観だ。

●高崎市綿貫町992-1
✆027-346-5522　入館料／大人300円
開館時間／9:30～17:00(入館は～16:30)
休館／月曜(祝日、振替休日の場合は翌日)、年末年始

ゆったりのんびりおおらか系

49 浅間山古墳

せんげんやまこふん

群馬県内第2位の大きさの古墳と聞いてもなんだか、のどかでピンとこない。古い時代の古墳らしく前方部がとても低い。さらに前方部あたりが段々畑になっていたり、柑橘の実がなっていたり、人とものすごく距離の近い古墳だなあと感じる。周溝も水田になったおかげか、しっかりとそのかたちがわかる。市街地の場合、宅地化が進む中で消失してしまう古墳が多いことを考えると、健気に残っていてくれたことが素直に嬉しい。

浅間山古墳

- 前方後円墳
- 墳丘長171m
- 4世紀末〜5世紀初め
- 高崎市倉賀野町312
- 国指定史跡

部分的な発掘調査で葺石や埴輪の破片が確認されているが埋葬施設についてはわかっていない。

周辺の古墳

51 大鶴巻古墳 おおつるまきこふん

4世紀末〜5世紀初めに築造された墳丘長123mの前方後円墳。葺石や埴輪が見つかっている。墳丘のかたちがよくわかる、綺麗な登れる古墳だ。国指定史跡。

52 小鶴巻古墳 こつるまきこふん

5世紀後半に築造された墳丘長88mの前方後円墳。昔、墳丘頂に舟形石棺が露出していた。浅間山古墳、大鶴巻古墳、小鶴巻古墳は墳形がよく似ているという。

希少な墓碑が残る古墳

50 山上古墳・山上碑

やまのうえこふん・やまのうえひ

150段の階段を上がって息が切れかけた頃、石室の入り口が現れる。山上古墳は7世紀中頃築造の円墳で、横穴式石室の中は、とてもすっきりとした印象だ。それもそのはず、すべて凝灰岩《ぎょうかいがん》を直方体に加工して積み上げた截石切組積《きりいしきりくみづみ》の石室ならではの美しさといえる。

これ以前の群馬の古墳では見られない石室造りの工法で、当時最先端の石室なのだ。すごいのはそれだけではない。すぐそばに、この古墳の墓碑にあたると考えられる山上碑という石碑が存在する。碑文には、辛巳歳《かのとみのとし》（681）年に、放光寺の僧侶である長利が母の黒売刀自《くろめとじ》のために建立したと彫られている。150段の階段を登りきったご褒美のような存在。ぜひ、足を延ばしてみてほしい。

山上古墳・山上碑

- 円墳
- 直径15m
- 7世紀中頃
- 高崎市山名町字山神谷2104
- 特別史跡

黒売刀自の追葬説が有力。山上碑は、国内最古の石碑群、「上野三碑」（こうずけさんぴ）のひとつ。「放光寺」は、前橋市総社の山王廃寺（さんのうはいじ）だった可能性が高い。

3基が織りなす
古墳の絵巻物!

53 保渡田古墳群

ほどたこふんぐん

行けども、行けども、延々と続く田園風景。と、視界の先にピンとくるものが見えた。緑色と灰色の前方後円墳2基がぐんぐんと迫ってくる。保渡田古墳群。じつは、この古墳群の近くにある三《み》ツ《つ》寺《でら》I《いち》遺《い》跡《せき》で、上越新幹線建設の事前調査が行われた際に「とんでもないもの」が見つかった。石垣を持つ巨大な区画、豪族の館跡らしきものが発見されたのだ。

「今から1500年前、榛名山が二度、大噴火を起こし、火砕流・土石流が発生して、このあたり一帯を覆い尽くしてしまいました。古墳時代の人々の暮らしがその集落ごと、厚い火山灰でパックされてしまったん

保渡田古墳群

3世代にわたって有力な豪族の墓が築造された希少な古墳群。3基のそれぞれの姿は、古墳をどんなかたちで保存するのがいいのかを考えるきっかけになりそうだ。

八幡塚古墳
はちまんづかこふん

です」

　分厚い火山灰で首長の館や集落、田んぼなどがコーティングされており、堆積物を丁寧に剥がしていったところ、古墳時代の田んぼや住居跡が綺麗に出土したのだ。

「三ツ寺Ⅰ遺跡の首長の館から約1㎞北に保渡田古墳群があるのですが、おそらくそれが彼らの墓域だったと考えられます」

　井出二子山古墳、八幡塚古墳、薬師塚古墳の順に大型の前方後円墳が築かれたが、3世代にわたる首長の墓だと考えられるという。

「この古墳群は、古墳の保存のあり方についても非常に示唆に富んでいます」

　最初に緑に包まれた井出二子山古墳へ。この古墳は墳丘を復元し、芝や小熊笹に覆われたかたちで保存している。おおらかでのびのびとして、小熊笹がさわさわと葉擦れの音を響かせて、とても心地いい。隣の八幡塚古墳は、灰色の葺石に覆われた築造当時の姿を再現している。墳丘のテラスや外堤には、当時と同じように埴輪がずらりと並んで、古墳時代にタイムスリップしたような感覚にとらわれる。

井出二子山古墳《いでふたごやまこふん》

「古墳時代、周りは緑の草原や畑で、その向こうに光り輝く石の丘が見えるという景色は、遠くからでも見る者を圧倒したでしょうね」

　まさしく。現在の私たちでも圧倒されるのだから、当時の人はどれほどの畏敬の念を抱いて古墳を見上げたことだろうか。

　復元された埴輪群をじっくり観察する。ギザギザの冠状のものを頭に被っているのがもっとも位の高い人らしく、つまりはこの古墳の被葬者かもしれない。その周りに水か酒を捧げ持つ巫女、正装した武人が並んで、何か儀式を執り行っている（らしい）。ほかにも飾り馬、魚を咥《くわ》える鵜や、水鳥、右手に鳥を乗せた鷹匠、力士、さらに弓を構えた狩人の少し先にはお尻のあたりに赤いベンガラを塗り流血を表現するイノシシがいて、これは矢が刺さったことを意味しているようだ。まるで絵巻物のような物語が生き生きと展開している。

　2基の古墳から少し離れた西光寺という

寺の境内に3基目の薬師塚古墳がある。復元整備はされておらず、今はお寺の一部になって、経年変化そのままに自然な姿を見せている。

「お寺の本堂の後ろ、小高くなっているのが、後円部ですね。そこに舟形石棺が残っています」

おお、こんなところに石棺が…。立派な石棺が無造作に置かれていることに驚く。

薬師塚古墳《やくしづかこふん》

古墳の全貌が見えないかと後円部から降りて、裏から古墳を見上げてみる。あれ？こっちが後円部？「そちらは前方部ですよ。大丈夫？」と徳江さんに笑われてしまう。ちょっと化かされた感じだ。いたずら好きな、不思議な魅力を感じる古墳だ。

首長の居館と人々の集落や耕作地。そして古墳群。その関係性は隣接する「かみつけの里博物館」のジオラマで、驚くほどリアルに見ることができる。1500年前のこの地の姿をじっくり堪能してから、ぜひ墳丘へと向かってほしい。感激が倍増するにちがいない。

井出二子山古墳
- 前方後円墳
- 墳丘長108m
- 5世紀後半
- 高崎市井出町1428-1
- 国指定史跡

周溝には4基の中島と呼ばれる円墳のようなものがあり、何らかの祭祀が行われていたのではないかと考えられている。

八幡塚古墳
- 前方後円墳
- 墳丘長96m
- 5世紀後半
- 高崎市保渡田町1956
- 国指定史跡

後円部には埋葬施設の展示室があり、石室や石棺の様子を間近に見ることができる。墳丘内にある展示施設はリアリティがあって感動ものだ。

薬師塚古墳
- 前方後円墳
- 墳丘長105m
- 5世紀末〜6世紀初め
- 高崎市保渡田町1873-1
- 国指定史跡

保渡田古墳群では最後の大型古墳。

古墳と一体化したミュージアム

かみつけの里博物館《かみつけのさとはくぶつかん》

井出二子山古墳と八幡塚古墳の間にある博物館で、榛名山麓の古代文化を9つのコーナーで紹介し、土器や埴輪、武器、馬具などの出土品が展示されている。圧巻は古墳時代のジオラマや立体模型だろう。三ツ寺I遺跡の豪族居館、築造された当時の八幡塚古墳、榛名山噴火前の集落の様子など、手に取るように古墳時代に触れることができる。

●高崎市井出町1514
☎027-373-8880　入館料／大人200円
開館時間／9:30〜17:00(入館は〜16:30)
休館／火曜(祝日、振替休日の場合は翌水曜)、年末年始、祝日の翌日卓越した美意識を持つ被葬者は一体、誰？

54 観音塚古墳

かんのんづかこふん

巨石を使った立派な石室は「群馬の石舞台」とも呼ばれている。高度な土木技術と美的センスによって創造されたのだろう。

こんもりと一見、丘のように見える観音塚古墳。前日、姿だけでも見ようと夕闇が迫りつつある中、この古墳を訪ねた。古墳は「昼、人が造り、夜、神が造る」と日本書紀に記されているが、突然、闇と共に神が降り立ってきそうな感覚があった。日が昇って改めて見ると、穏やかな表情でほっとする（足元も悪く、危険を伴うので、古墳は昼間に見てください）。横穴式石室がぽっかりと口を開けていて、引き寄せられるように入っていく。石室の羨道（最奥の玄室に至るまでの通路）の入り口近くは、ラグビーボールほどの大きさの石が規則的に積まれている。が、途中からいきなり、どん、どどん、と巨石が現れる。玄室は横にぐっと広がり、天井もかなり高い。驚くほど巨大な天井石が見える。

「一番大きい石で55トンに達するといわれています」

なんと、たった一枚の石で和室一部屋ぐらいあるとは…！ これだけの巨石を運ばせた財力も輸送力も、はたまた積み上げる技術力も、とにかくスケールがちがう！

幸運なことに、この古墳の石室は未盗掘だった。戦時中に防空壕用に掘っていたところ、発見され、石室から金色に輝く武器や馬具が出土した。端正で美しい銅鋺《どうわん》が蓋、鋺、受け皿の組み合わせで2セットも出土したし、金色に輝く杏葉《ぎょうよう》も華やかでモダンだ。「銀装鶏冠頭《ぎんそうけいかんとう》大刀《たち》」という大刀の柄頭《つかがしら》の意匠は、パルメット文様といって、ガンダーラで仏教美術と融合して、大陸を経て日本に伝来したものだという。でも、これほどの副葬品を故人と一緒にお墓に埋めてしまうなんて、もったいないですよね？

群馬県内最後の前方後円墳といわれている。

「豪華な副葬品を埋葬するのは、亡くなった後も生前と同じ暮らしができるようにと願ったり、その人がこれだけの財力や権力を持っていたという証を、黄泉の国に行くにあたって持たせてあげたとも考えられます」

現代のお葬式でも、棺に故人が大事にしていたものを入れる風習があるが、その発想は古墳時代から脈々と繋がっているのだろうか。

「前方後円墳のかたちとともに、豪華な副葬品の風習も伝播して、できる限りヤマトと同じ様式にしようとしたんでしょう」

ヤマトへの憧れもあっただろう。いずれにしてもこれだけの豪華な品々を手にしていた人物はヤマト王権から見ても、重要な

観音塚古墳の出土品に目を奪われる！

高崎市観音塚考古資料館

たかさきしかんのんづかこうこしりょうかん

近接する観音塚古墳の横穴式石室から発見された、300点にもおよぶ、非常に貴重な考古資料の展示をはじめ、高崎市内の他の遺跡から出土した遺物の展示を行う。とくに観音塚古墳の出土品は、学術的な価値が高く、古墳時代後期の高度な技術や先進性、国際性、卓越した美意識などをダイレクトに伝えてくれる。

●高崎市八幡町800-144
027-343-2256　入館料／大人100円
開館時間／9:00～16:00
休館／月曜（祝日、振替休日の場合は翌日）、年末年始、祝日の翌日

位置付けにあったにちがいない。各地で台頭する勢力をヤマト王権は巧みに統括し、次の時代の律令制の礎を固めていったのだろうか。がんじがらめに押さえつけるのではなく、共存共栄して国をまとめていこうとする意思。前方後円墳はその意思の表れなのかもしれない。

輝くばかりの副葬品は、すぐ近くの高崎市観音塚考古資料館でじっくり見ることができる。石室も副葬品も超一級の古墳。その展示を見てから墳丘に登ると、いかに凄い力と高い美意識を持った人物が眠っていたのかという思いが、ひしと湧き上がってくる。

際立った美しさを持つ銅鋺(復元品)は仏教文化の到来を物語る逸品。

観音塚古墳

●前方後円墳●墳丘長105m●6世紀末
●高崎市八幡町1087●国指定史跡

輝くばかりの豪華な副葬品など、被葬者はヤマト王権にとって重要な役割を担っていて厚遇されていたと考えられる。

周辺の古墳

55 剣崎長瀞西古墳 けんざきながとろにしこふん

5世紀後半築造の円墳または帆立貝形古墳。鏡や短甲、勾玉や石製模造品などが出土している。この古墳の東側に剣崎長瀞西遺跡があるが円墳や積石塚の方墳が見つかっており、渡来人との関わりの深い集落があったことが知られている。

赤く塗り込めた石室の謎?

56 簗瀬二子塚古墳

やなせふたごづかこふん

6世紀初めに築造された前方後円墳で、後円部の全長11・54mの長さを持つ横穴式石室は、関東最古級といわれている。自然石を積み上げた石室の内部は、ベンガラで真っ赤に塗られていた。古代、赤には「辟《へき》邪《じゃ》」といって邪悪なものを避けるという意味があったらしいが、黄泉の国へ通じる聖域を守るために、古代の人々は内部を赤く塗ったのだろうか。これもまた深い謎だ。明治時代に石室が発見されたが、玉類や石製模造品、馬具、武器、須恵器などが出土した。近年、周囲は史跡公園として整備されており、墳丘のかたちもよくわかる。石室は保存のため閉鎖されているが、ガイダンス施設で内部の映像を見ると、ゆったりとした古墳の姿と真っ赤な石室のコントラストが印象深く感じられる。

簗瀬二子塚古墳

●前方後円墳
●墳丘長80m
●6世紀初め
●安中市簗瀬756-1
●国指定史跡

東国における新しい葬送儀礼の導入を考える上で重要な古墳。近くのガイダンス施設で石室内の3D映像を見ることができる。

めくるめく石室デザインの変遷

57 総社古墳群《そうじゃこふんぐん》

総社二子山古墳《そうじゃふたごやまこふん》

総社古墳群は榛名山の麓に広がる古墳群で、南北約3㎞の範囲に分布している。

「5世紀から6世紀にかけて築造の前方後円墳3基から、7世紀の方墳3基へと移り変わっていくのですが、方墳3基の卓越した土木技術には目を瞠《みは》るものがあります。石室をしっかり見てくださいね」

総社二子山古墳は6世紀後半に築造された前方後円墳で、前方部の石室内部を見ることができる。

当時、おそらくだが、天才的な石工のような人がいて、石を積むときのベストポジションを見極めることができたのだろう。

「古墳の築造の技術者には、我々の想像を超える天才がいたと思いますよ」

この古墳からは柄に銀糸を巻いた優美な大刀が出土しているらしい。「らしい」というのは、大刀の絵図だけが残っていて本体は不明なのだ。そんなところも謎めいて、人

総社古墳群

5世紀後半に築造された遠見山（とおみやま）古墳を最初に、王山（おうざん）古墳、総社二子山古墳、愛宕山古墳、宝塔山古墳、蛇穴山古墳と続いて築造された古墳群。各古墳の石室に卓越した技を見ることができる。

を寄せ付けない、ちょっとクールな古墳だ。

総社二子山古墳からほど近い愛宕山古墳は、7世紀前半築造の方墳で、この古墳以降、総社古墳群では前方後円墳は造られなくなっていく。

石室に入ると、まず、壁面の石の大きさに目が引き寄せられる。一つひとつがとても大きく、天井まで非常に高い。自然石なのだが、石のかたちをよく揃えて選んでいて、全体に均一に見える（ように狙っているのか？）。先ほどの総社二子山古墳よりぐっと洗練度がアップしている。

巨大な自然石を積み上げた石室。

愛宕山古墳《あたごやまこふん》

「玄室の奥にある凝灰岩の刳抜式家形石棺《くりぬきしきいえがたせっかん》は、畿内の有力者の古墳によく使われているもので、被葬者とヤマト王権との深い繋がりを感じます」

次なる古墳、宝塔山古墳は7世紀中頃の方墳だ。

石室に入って、思わず、「うわあ！きれい！」と声を上げてしまう。もういきなりのクオリティアップというか、先ほどまでの、自然石を使った石室から一気にモダンになって、たとえるなら昭和の日本家屋風の家から、インテリジェンス・マンションに様変わりしたかのような感がある。

「石室内に積むための石自体を綺麗に加工している、截石切組積という手法で造られています」

舌を噛みそうな手法だが、すっきりとカットされたブロック状の截石を、きっちり積んで、それがまた高級感溢れる美しさを生み出している。さらに、この石室は壁一面に漆喰が塗ってあり、石室内を真っ白にしていたようだ。被葬者はなかなか美的なこだわりが強かったのだろうか。

「玄室の真ん中にある刳抜式の家形石棺は底の近くに格狭間《こうざま》という装飾が施されているのですが、これは仏教文化の影響と考えられています」

最後に訪れた蛇穴山古墳は7世紀末の築造で一番新しく、一番サイズの小さい方墳だ。石室内に入ると、今まで見たこともない世界が…！　なんと、天井、左右の側壁、奥壁、すべてが巨大な一枚石ではないか！

「ものすごい巨石を加工して、1枚ごとに周囲の縁を1段L字状に欠き取って精巧にカ

すっきりと洗練された雰囲気の石室内部に驚く。

宝塔山古墳《ほうとうざんこふん》

チッとはまるように加工されているんです」
密閉容器の蓋のあの感じ？
「各石材がパチッとハマる感じですね」

川原石を敷いた前庭がモダンな雰囲気。

蛇穴山古墳

じゃけつざんこふん

非常に高度な技術が随所に施され、ピシッと四隅が収まっている気持ち良さとダイナミックさ！ しかも、この石室にも漆喰の痕跡がある。この時代になると古墳の価値は、大きさだけでなく、石室の構造や美しさも大いに関係しているように思う。

古墳群から南西約1km足らずのところに山王廃寺《さんのうはいじ》跡という寺院跡があるが、そこの塔の礎石から、総社古墳群を築造した有力豪族との関わりがうかがい知れる。

古墳を国づくりのための連携の象徴とした時代から、仏教が伝来し律令制を整えていく時代への転換期。日本が大きく変わろうとする強い風をはらみつつ、進取の精神をもって大海に漕ぎだすリーダーたちの姿を垣間見た気がした。

総社二子山古墳

●前方後円墳●墳丘長90m
●6世紀後半●前橋市総社町植野368●国指定史跡

発掘されたという大刀の絵図を見ると金銀を交互に用いた装飾など、非常に洗練された美しさを感じる。綿貫観音山古墳出土の大刀と似ているというのも興味深い。

愛宕山古墳

●方墳●一辺56m●7世紀前半
●前橋市総社町総社1763-1 他

玄室だけで約7mの長さを持ち、壁面の自然石に部分的な加工を施している。この時期の土木技術の進歩を見ることができる石室のひとつだ。

宝塔山古墳

●方墳●一辺60m●7世紀中頃
●前橋市総社町総社1606
●国指定史跡

石室内は漆喰が塗られていたようで、非常に美しい石室が想像できる。古代にもし建築雑誌があれば、まちがいなく巻頭グラビアを飾るクオリティだったのではないだろうか。

蛇穴山古墳

●方墳●一辺40m●7世紀末
●前橋市総社町総社1587-2
●国指定史跡

玄室の奥壁の近くに大きな切石が置かれているが、石棺を安置するための棺台ではないかと考えられている。

古墳と一体化したミュージアム

前橋市総社歴史資料館

まえばししそうじゃれきししりょうかん

総社古墳群の出土品をはじめ、東国最古級の古代寺院である山王廃寺跡など、周辺の文化財に関する展示などを行っている。スマートフォンやタブレットを利用して閲覧できる、築造当時の古墳の姿や出土品の様子を復元した3D映像、またCG復元した山王廃寺の中を巡る「ウォークスルー」など、初心者でも歴史を身近に楽しめる構成になっている。

●前橋市総社町総社1584-1
✆027-212-2558
入館料／無料
開館時間／9:00～16:00
休館／月曜（祝日の場合は翌日）、年末年始

被葬者のルーツは何処に？

58 八幡山古墳

はちまんやまこふん

全国第4位の大きさを誇る前方後方墳と聞いて、この古墳に早く会いたくて仕方なかった。前方後方墳は濃尾平野にルーツを持つというが、そのあたりの関係は？

「被葬者の出身地まではわかりませんが、このあたりは前橋台地の上にあって、古くから拓けた地域で朝倉・広瀬古墳群が形成されてきました。この古墳は4世紀初めの築造で、この地域で最初に造られた前方後方墳ですね」

墳丘に登ると下から見るよりずっと高さがあって、息が切れるほどだ。威風堂々とした風情が気持ちがいい。台地の西側は肥沃な田園地帯となっているが、被葬者はこのあたりを開拓して、農業を盛んにした人物なのだろうか。しかも、なぜ、わざわざ前方後方墳にしたのか？謎だ。

八幡山古墳

- 前方後方墳
- 墳丘長130m
- 4世紀初め
- 前橋市朝倉町4-9-3
- 国指定史跡

住宅地開発のために姿を消してしまった古墳が多い朝倉・広瀬古墳群の中でわずかに残る貴重な古墳のひとつ。周囲は公園として整備されており古墳のかたちもよく見える。

人々の暮らしに優しく寄り添う

59 天川二子山古墳

あまがわふたごやまこふん

落ち着いた雰囲気の住宅地の中に小山のある公園？と思いきや、これが墳丘長104mもある前方後円墳なのである。

「6世紀後半の古墳らしく、後円部に対して前方部がよく発達していますね」

墳丘のかたちも綺麗でよくわかる。実際に登ってみるとぐっと高さがあり、墳頂からは前橋市にある県庁の高層ビルが見える。市街の中心地に近いところに、これだけの大きさの古墳がでんと構えているのは、なんだか嬉しい。

天川二子山古墳

●前方後円墳●墳丘長104m●6世紀後半
●前橋市文京町3-26●国指定史跡

詳細はよくわかっていないが、横穴式石室があるのでは？と推定されている。二子山公園としてよく整備されている。

周辺の古墳

60 前橋天神山古墳 まえばしてんじんやまこふん

4世紀前半の前方後円墳で墳丘長は129mもあったそうだが、今は周辺の開発で墳丘のほとんどが削り取られてしまっている。昔の白黒写真を見るとじつに美しい双丘の古墳で、この時代の姿を見たかった。県指定史跡。

61 山王金冠塚古墳 さんのうきんかんづかこふん

悠々とした姿のこの古墳は、墳丘長53mの6世紀後半の前方後円墳である。大正4（1915）年の調査で、金銅製の金冠が発見され、この名で呼ばれるようになった。ほかにも金銅製の帯や馬具、甲冑などが出土した。市指定史跡。

かつては100基以上の古墳がここに…!

62 南下古墳群《みなみしもこふんぐん》

南下古墳群は6世紀後半から7世紀末頃までに約100基の古墳が築造されたが、今は6基の円墳のみが現存している。許可を得て、A号墳の石室に入ると、内部は截石切組積の空間で、すっきりとしてとても美しい。外観からは考えられない洗練度だ。古墳築造時に加工のためにつけた朱線がかすかに見え、古代の人がつけた跡と聞くと感動してしまう。中には物置がわりになっていた古墳もあるそうで、健気に残ってくれていることが嬉しい。

南下古墳群(A～F号墳)
●円墳●6世紀後半～7世紀末頃
●吉岡町南下1322-12
●町指定史跡

石室見学は、古墳群に隣接する吉岡町文化財センターに問い合わせを。

周辺の古墳

63 三津屋古墳 みつやこふん

全国的にも非常に珍しい正八角形墳で、一辺の長さが約9m、二段築成で、7世紀後半の築造といわれている。自然石乱石積の横穴式石室があったと考えられ、内部の見学ができる。美しい石積みで再現されていて、フォトジェニックな古墳だ。県指定史跡。

吉岡町の歴史と文化に触れる

吉岡町文化財センター《よしおかまちぶんかざいせんたー》

南下古墳群をはじめ、吉岡町内から出土した遺物や民俗資料など、町内の歴史に関する幅広い文化財を管理している。

●吉岡町大字南下1322-12　☎0279-54-9443　入館料／無料
開館時間／9:00～16:00　休館／月曜(祝日の場合は翌日)、祝日の翌日、年末年始

タイムトラベル体験ができる?

群馬県埋蔵文化財調査センター・発掘情報館《ぐんまけんまいぞうぶんかざいちょうさせんたー・はっくつじょうほうかん》

群馬県の埋蔵文化財の調査と研究を行う(公財)群馬県埋蔵文化財調査事業団に併設された情報館。資料展示室、収蔵展示室では、金井遺跡群をはじめ、古墳時代の貴重な資料を展示。遺跡情報室では国内外の遺跡に関する本や資料が豊富に揃う。

●渋川市北橘町下箱田784-2　☎0279-52-2513
入館料／無料　開館時間／9:00～17:00(入館は～16:30)　休館／土曜、祝日、年末年始

赤城山の麓に花開いた一族の軌跡

64 大室古墳群《おおむろこふんぐん》

大室古墳群

●前橋市西大室町2659-1ほか

大室公園内にある、有力な豪族の墓が築造された古墳群。古墳時代の家も再現され、昔の生活に触れることができる。

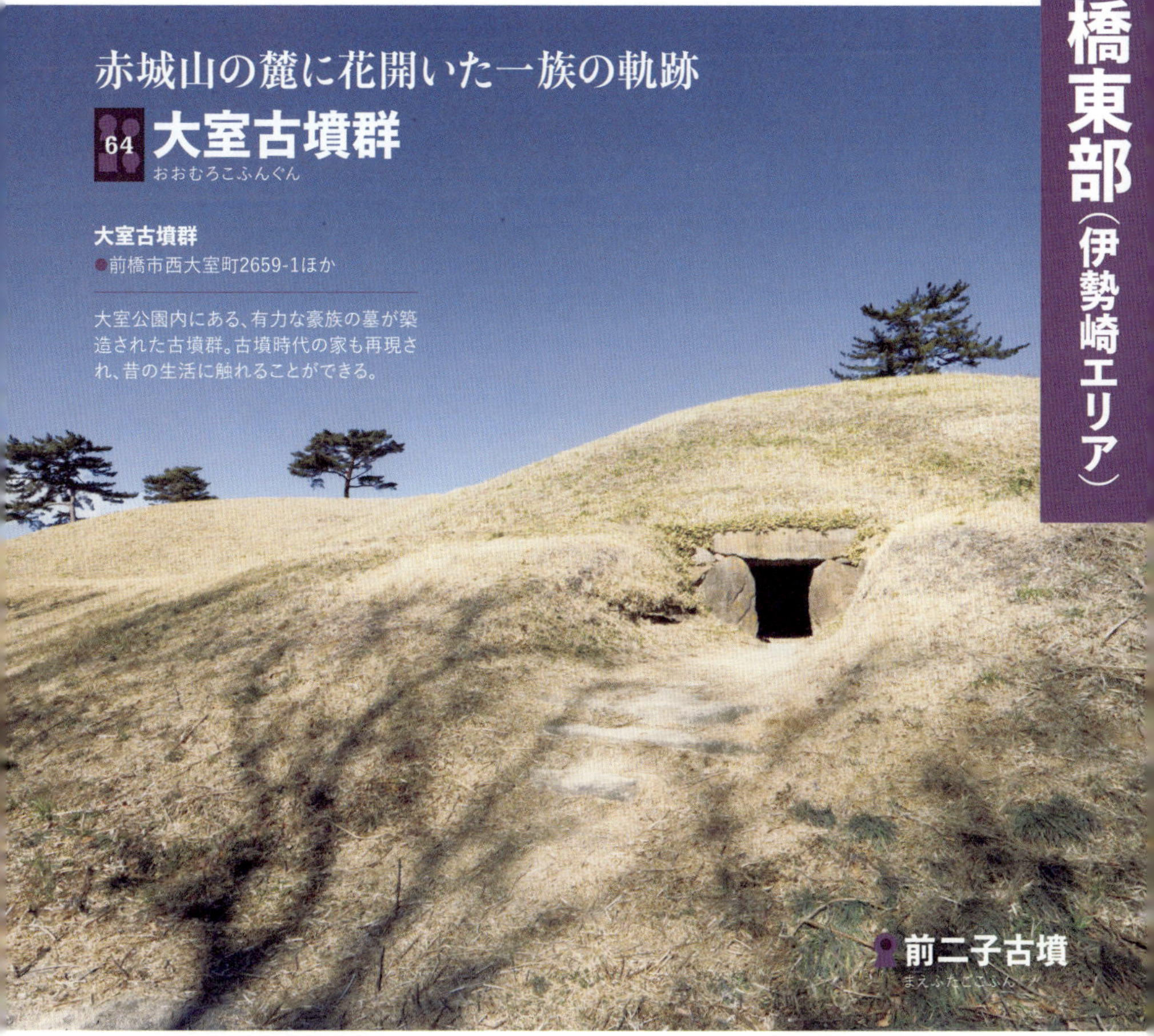

古墳はやっぱり高台にある。そのことを強く実感したのが、ここ大室古墳群だ。一帯は美しく整備された公園になっていて、見晴らしがよく、風がすーっと抜けて、とても気持ちがいい。抜けるような青空のもと、目の前にゆったりと古墳が現れた。

「大室古墳群には前、中、後、小と4基の二子古墳があり、至近距離にあることから、おそらくこのあたり一帯を治めていた一族の代々の首長の古墳ではないかと思われます」

もっとも古い前二子古墳は創始者の墳墓といったところだろうか。この古墳には横穴式石室があり、中に入ることができる。床面は大きな凝灰岩が敷かれ、ベンガラで赤く塗られていたそうだ。石室内は出土品のレプリカが再現され、なんとなく、ここ

須恵器装飾付筒形器台をはじめ、出土品のレプリカが並び、当時の様子を再現。

が墓所だったことが生々しい感覚で伝わってくる。

「須恵器のほか、鏡、装身具、金メッキされた馬の飾り金具などが出土しています。また墳丘には埴輪列があったようで、とくに杖形埴輪（石見型埴輪《いわみがたはにわ》）は遠く、奈良県のものとよく似ているんです。出土品や埴輪からヤマト王権との関係の深さが想像できますね」

墳丘の上に登ってみると古墳のおおらかなかたちがよくわかる。後円部の墳頂から前方部を見ると、その向こうに真っ白く冠雪した浅間山が輝いている。墳丘の真ん中をまっすぐに通る延長線上に、山がすっとそびえている。なんと美しく、壮大な眺めだろう。この美しい景色を、被葬者も見たのだろうか。

中二子古墳《なかふたごこふん》

前二子古墳のすぐ近くにあるのが、その次に築造された中二子古墳だ。この古墳は大室古墳群の中でもっとも大きく、周溝も広くて全体的にとにかく立派だ。優秀な2代目といったところか。墳丘には木々が生えて、ちょっとした小山のようなボリュームがある。でも、栄えある2代目古墳は驕ることなく、あくまで「男は黙って」という感じで、静かに佇んでいる。なかなか渋くてカッコいい。

後二子古墳は前の2基よりサイズがやや小さくなる。3代目で勢力が落ちた？と思いきや、単純にそうともいえないようだ。

「この古墳は、築造方法になかなか工夫が施されています。地中を掘って、まず石室自体を低く造ることで、盛り土の量を節約しているんですよ。なかなか効率的ですね」

ここも石室の途中まで入れるが、確かに羨道が下がっているのがわかる。石室には巨石が使われ、全体に広く、6人以上が埋葬されていたという。面白いのが、埴輪に

黄泉の国への入り口を思わせる石室。

後二子古墳《うしろふたごこふん》

ついても効率優先を感じられるあたりだ。北側には大きな埴輪を、南側には小さな埴輪を並べており、古墳自体も北側から見たほうが大きく立派に見える。北側を見られる側＝表側と考えていたのだろうか。あくまで想像だが、勢力は縮小したかもしれないが、省エネ行政に力を入れた、しっかり者の3代目だったのかもしれない。

この古墳のすぐ西側に控える小二子古墳は、ぐんとサイズが小さくなり、とても愛らしい。

「規模は小さいですが、後二子古墳と同じ時期に築造され、ごく間近にあることから、両者の関係性の親密度が伝わってきますね」

もしかすると妻なのか？ 若い兄弟なのか？ それは謎だが、寄り添うように造られた2基の古墳には、どこか互いを愛おしむ感じがして微笑ましい。

この古墳からは人物、馬、家、大刀など数多くの形象埴輪が発見された。それらが墳丘上に復元されている姿は、当時を彷彿とさせる。

公園内にある「大室はにわ館」では、出土した埴輪などを展示しているので、お見逃しなく。

小二子古墳《しょうふたごこふん》

前二子古墳
●前方後円墳●墳丘長94m
●6世紀初め●国指定史跡

大室古墳群の偉大な創始者の墓。自然石を積み上げた長大な石室は県内最古級といわれている。

中二子古墳
●前方後円墳●墳丘長111m●6世紀中頃●国指定史跡

ゆったりとサイズが大きく、品格を感じさせる古墳。埴輪は当時、一級品とされた藤岡産のものが一部使われている。

後二子古墳
●前方後円墳●墳丘長85m
●6世紀後半●国指定史跡

規模は小さいが石室は巨石を使ってかなり広くゆったりしている。墳丘には埴輪列が再現されていて見ていて楽しい。

小二子古墳
●前方後円墳●墳丘長38m
●6世紀後半●国指定史跡

石室の入り口の破壊はまぬがれており、石室前から墓前の祭祀に用いた土器や火を燃やした跡が見つかっている。

バラエティ豊かな埴輪が揃う

大室はにわ館《おおむろはにわかん》

民家園の中にある土蔵を改造した展示館。市民ボランティアの手により復元した前二子古墳石室から出土した装飾品や金属製品、中二子古墳や後二子古墳から出土した埴輪などを展示している。館内では大室古墳群を紹介する3D映像も見ることができる。民家園内には江戸末期の赤城型民家や古墳時代の家が建てられているので、併せて見学するのがおすすめだ。

●前橋市西大室町2510 ☎027-268-0439
入館料／無料 開館時間／9:00〜16:00
休館／月曜〜水曜（4月〜11月）、月曜〜金曜（12月〜3月）、年末年始
※祝日は開館。

力ある孤高のリーダーの墓？

65 赤堀茶臼山古墳《あかぼりちゃうすやまこふん》

桑畑が続く田園の中にぽつんと現れる帆立貝形の古墳は、出土品がなかなかユニークだ。昭和4（1929）年の調査で8点もの貴重な家形埴輪が見つかっているのだ。なぜ家形埴輪ばかり？と思うが、このあたりの有力者の居館を表したのではないかともいわれている。大室古墳群が形成される少し前の時代のやや大きめの古墳。高い丘陵地にあって見晴らしも良い。大室古墳群の被葬者たちと関係があったのか、興味深い。

赤堀茶臼山古墳
- 帆立貝形古墳
- 墳丘長59m
- 5世紀中頃
- 伊勢崎市赤堀今井町2-甲995-1
- 市指定史跡

三ツ寺Ⅰ遺跡で豪族居館が発掘されるまでの間、居館研究の中心的存在だった。

偉大なる人物？ 石棺の謎

66 お富士山古墳《おふじやまこふん》

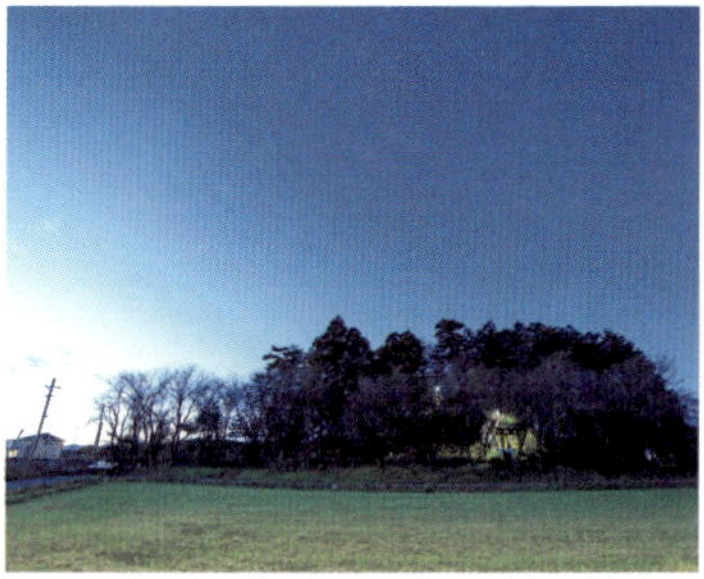

田園地帯の真ん中に浮島のように見えるこの古墳の墳頂にある神社の境内には立派な長持形石棺が設置されている。これは畿内の大王墓級の石棺であり、東日本では最大級の大きさを誇る太田天神山古墳とここにしかない。畿内の王族と縁が深い人物か、もしかするとヤマト王権から遣わされた人物かもしれない。諸説あるが、大きな影響力を持つ人物だったにちがいない。実物の石棺をぜひ見てほしい。

お富士山古墳
- 前方後円墳
- 墳丘長125m
- 5世紀前半
- 伊勢崎市安堀町799
- 市指定史跡

近くには広瀬川が流れており、当時の水運の要衝を掌握していた人物の墳墓かもしれない。

町役人の居宅だったレトロな空間

相川考古館《あいかわこうこかん》

考古好き、埴輪好きには必見の私設博物館。創始者である相川之賀（あいかわしが）氏が、長きにわたって蒐集した埴輪をはじめとする考古資料の展示が質、量ともに多彩で素晴らしい。とくに収蔵庫に展示された4点の埴輪はいずれも国指定の重要文化財となっており、見目麗しい弾琴（だんきん）男子埴輪や武人埴輪を間近に見ることができる。

- 伊勢崎市三光町6-10
- ☎0270-25-0082
- 入館料／大人500円
- 開館時間／9:30～16:30（入館は～16:00）
- 休館／月曜（祝日の場合は開館）、年末年始

個性豊かな古墳が勢ぞろい

67 白石古墳群《しろいしこふんぐん》

七輿山古墳《ななこしやまこふん》

最初に見たときから、何か良い「気」が流れているように感じた不思議な古墳。それが七輿山古墳だ。

「この古墳は6世紀前半の前方後円墳で、この時期では東日本最大のサイズの古墳です。墳丘も周溝もよく残っていますね」

二重の周溝を持ち、近づくほどに、その高さと大きさで迫ってくる立派な古墳。ところどころに、ゴロゴロと転がっているのは葺石らしい。葺石は中堤にも葺かれていたようで、そのこだわりようは、被葬者のなかなかの財力を感じさせる。墳丘を壊して造った平坦面に、羅漢さんがいくつも並んでいる。古くから信仰の場となっていたのだろう、聖域らしい静謐さを漂わせている。

「ここはいつ来ても綺麗に雑草が刈られていて、掃除が行き届いています。地元の人がこの古墳を守っていてくれているからでしょう」

白石古墳群

白石古墳群は、藤岡市上落合を流れる鮎川と鏑川（かぶらがわ）の間の丘陵地帯を中心に展開している。

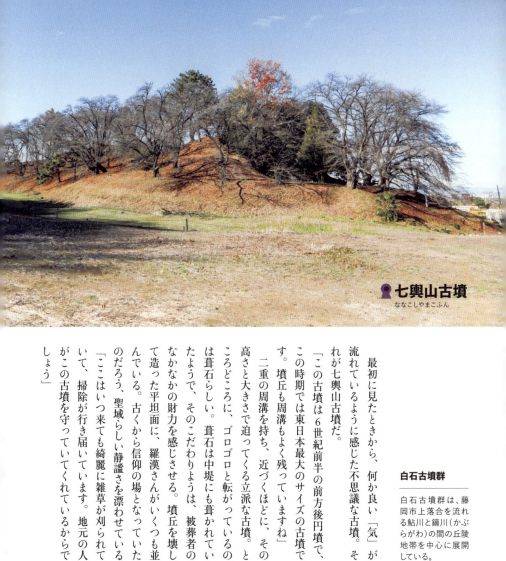

宗永寺裏東塚古墳（舟形石棺）
そうえいじうらひがしづかこふん（ふながたせっかん）

墳頂に登ると前方部がかなり張り出していて個性的なかたちがはっきりとわかる。後円部から前方部へ、ゆっくり歩いていくと、無骨でありながらも懐の深い、きりりとした王の姿が浮かんでくる。この古墳からはかなり大型の埴輪が出土しているが、その中に7条突帯《とったい》（P189）の円筒埴輪があったという。

「通常は3条突帯が多いのですが、7条突帯となると大王クラスの古墳から出土するので、ヤマト王権とかなり近しい人物だったと予測できます」

春になれば花見スポットとしてたくさんの人で賑わう場所だが、人々に愛でられると照れてしまう、そんなシャイな一面もありそうな、魅力ある古墳だ。

白石稲荷山古墳
しろいしいなりやまこふん

目の前の宗永寺の境内にも古墳がある。石棺があるので、見逃さないようにしたい。◎

同じ丘陵に、七輿山とサイズ感がよく似た前方後円墳、白石稲荷山古墳がある。173号線沿いからその全容を目にしたとき、かなり感動してしまった。墳丘がとにかく美しいのだ。なだらかなラインが続き、真横からくっきりと見ることができる。まさしく、〝正しい前方後円墳〟を目の前にしているようだ。惜しむらくは、右手のゴルフ練習場が眺望に若干、かかってしまっていること。しかしこれは、人とともに在る古墳の宿命ともいえることで、環境の変化に健気に対応しながら、1500年以上も生き続ける姿には、胸がいっぱいになる。

墳丘の裾から登っていくと、なかなかの高さなのだと気づく。天気がよければ遠く、前橋市や高崎市まで見わたすことができる。

青空と緑の古墳と澄んだ光と…。なんてゆったりとした景色なんだろう。ほんとうに気持ちがいい。◎

畑の向こうにかたちの綺麗な伊勢塚古墳

が見える。すっくと伸びた木々の姿もよくて、絵本の中のワンシーンのように美しい。

形状が揃った石積の羨道から横穴式石室に入って、あっと息を飲んだ。

伊勢塚古墳《いせづかこふん》

ドットだ！　そう、大小の丸い石を規則正しく並べて、水玉模様のような石室が奥まで伸びているのだ。

「なんて、きれい！」

思わず、立ち尽くしてしまう。

「模様積みと呼ばれるもので、結晶片石を小口積みにして、規則的に珪岩質の丸っぽい石を配置しています。石室は胴張形の平面構造で〝持ち送り〟と言って、石を少しずつずらして天井に向かって内側にせり出すドーム状に造っています。相当、高度な技術があったことが窺えます」

小石の中にポツポツと並べられたやや大きい石が軽快なリズムを生み出し、流麗なドーム状の石室をより一層、美しく見せている。これはもう、立派なデザイナーだ。現在のデザイナーに匹敵する優れた感性の匠がきっといたのだろう。華麗な造りにただただ圧倒される。

内も外も美しい古墳の被葬者は、女性？　もしかすると巫女だったかも？

「うーん、それはわかりませんが、高貴で繊細な雰囲気は確かにしますね」

◎

美しい古墳を後にして、心地よい余韻を

皇子塚古墳（右）おうじづかこふん

平井地区1号古墳（左）ひらいちくいちごうこふん

残しながら、次なる古墳へ。藤岡歴史館のすぐ近くには、2基のまあるい円墳が仲良く並んでいて可愛らしい。向かって右が皇子塚古墳、左が平井地区1号古墳だ。小さな古墳だが侮るなかれ。すごい副葬品が出土しているのだ。

「皇子塚古墳からは単龍環頭大刀《たんりゅうかんとうたち》の柄頭が、また平井地区1号古墳からは、金銅装単鳳《こんどうそうたんぽう》環頭大刀《かんとうたち》と銀象嵌円頭大刀《ぎんぞうがんえんとうたち》が、完全なかたちで発見されました」

藤岡歴史館では、皇子塚古墳の単龍環頭大刀の本物と平井地区1号古墳から出土した大刀のレプリカを見ることができる。

銀象嵌や金糸メッキなどの細やかな技が施され、非常に華やかで美しい。2基の古墳はほぼ同じ時期の築造と考えられるそうだが、華麗な大刀とともに埋葬された被葬者は、おそらくこの地域のリーダーだったのだろう。2人はどんな人物で、どんな関係だったのだろう?

並んでいる古墳というのは、妄想を刺激されてとても面白い。

七輿山古墳
●前方後円墳●墳丘長150m●6世紀前半
●藤岡市上落合甲831●国指定史跡

古墳に立てられていた円筒埴輪は高さ1mにおよぶ大型のもので、被葬者が有力な豪族だったことが窺える。

宗永寺裏東塚古墳(舟形石棺)
●前方後円墳●墳丘長約50m●5世紀後半
●石棺のサイズ/長さ2.4m 幅0.65~0.92m●藤岡市上落合848

小さな覆屋(おおいや)の中に凝灰岩の石棺が保存されている。側面には楕円形の突起が2個ずつついている。

白石稲荷山古墳
●前方後円墳●墳丘長155m●5世紀前半
●藤岡市白石1365●国指定史跡

後円部に埋葬施設が2ヶ所あり、両方とも木棺を小石で覆った礫槨(れきかく)だった。鏡や刀など副葬品を多く出土している。

伊勢塚古墳
●円墳●直径27m●6世紀末頃
●藤岡市上落合岡318●県指定史跡

小さな古墳だが、とにかく石室の模様積みが素晴らしい。天井の巨石も要チェック。

皇子塚古墳
●円墳●直径31m●6世紀後半●藤岡市三ツ木247他●県指定史跡

大刀が発見された羨道と玄室の間に、前室と呼ばれる部屋を持つ複室構造になっている。

平井地区1号古墳
●円墳●直径24m●6世紀後半●藤岡市三ツ木247他●県指定史跡

墳丘には家や盾などの形象埴輪や円筒埴輪、須恵器の大甕などが置かれていた。

2本の大刀(国指定重要文化財)を期間限定で公開

藤岡歴史館

ふじおかれきしかん

毛野国白石丘陵公園内にある歴史館。高台にあり、白石古墳群の全体像がよくわかる。常設展示室には白石稲荷山古墳や七輿山古墳の円筒埴輪、皇子塚古墳から出土した単龍環頭大刀の柄頭などを展示。企画展示室では、平井地区1号古墳から出土した金銅装単鳳環頭大刀と銀象嵌円頭大刀(いずれも国指定重要文化財)が期間限定で公開される。

●藤岡市白石1291-1
☎0274-22-6999
入館料/無料(常設展示)
開館時間/9:00~17:00(入館は~16:30)
休館/12/27~1/4

王と妃？ 首長と従者？ 妄想を呼ぶ2基の古墳

68 太田天神山古墳《おおたてんじんやまこふん》

69 女体山古墳《にょたいさんこふん》

なんて伸びやかな、おおらかな古墳…！

「群馬県の象徴的な存在の古墳です」

太田天神山古墳は全長210m、東日本最大規模の前方後円墳である。周溝も広く、墓域としてもかなり大きい。墳丘に登ると、とてもゆったりとして、大きさがよく体感できる。

東日本最大ということはかなり強大な力を持った人物が眠っていたのだろうか。

「たとえば、上毛野という大きな地域全体をひとつにまとめあげて、盛り上げていくために貢献した人の古墳ではないかと考えることもできます」

太田天神山古墳の墳丘は川原石で覆われていたと考えられ、円筒埴輪、家形埴輪、水鳥形埴輪の首の部分などが出土した。

小さな地域にそれぞれ首長がいるとして、その上にさらに立つ人というイメージ？

「そう、大変優れた人物だったと思われますね。ヤマト王権にとっても、日本という国をつくりあげるときの重要なブレーンだったのではないかと…。岡山県の吉備をはじめ、ヤマト王権にとっての重要拠点が全国にあり、上毛野もそのひとつだったと思われます」

主体部は盗掘されているが、この古墳からは、お富士山古墳（P132）と同じ長持形の石棺が出土している。畿内の大王たちと緊密な関係を持ち、上毛野という巨大な国をまとめあげたおおらかな東国の雄。そんな人物を想像する。◎

太田天神山古墳と道を挟んですぐ近くに、美しい墳形を持つ女体山古墳がある。全長106m。帆立貝形古墳としては奈良県の乙女山古墳に次ぐ第2位の大きさを誇るそうだ。

女体山古墳は帆立貝形古墳として国内2位の大きさを誇る。

「帆立貝形古墳といわれていますが、造出し付き円墳と呼ぶ人もいます」

墳丘に登ってみると、とてもまろやかな墳丘という印象を受ける。古墳の名前からして、どうしても女性っぽい感じがしてしまうが…。

「うーん。それはなんとも言えないですが（笑）、2基の古墳には共通点が多く、おそらく密接な関係があったと考えられますね。太田天神山古墳の一族であれば古墳が小さくなって急に衰退したとも考えられるし、もちろん忠実な従者の墓だったかもしれないですよ」

ここはやはり忠実な従者か、できれば大切な女性？などと考えたいところだが…。古墳本人（本人と呼んでいいのかわからないけれど）は素知らぬ顔で静かに佇んでいた。

太田天神山古墳
- 前方後円墳●墳丘長210m
- 5世紀前半
- 太田市内ケ島町1606-1他
- 国指定史跡

埋葬施設には長持形石棺があり、非常に高位の人物のものと考えられている。

女体山古墳
- 帆立貝形古墳●全長106m
- 5世紀前半
- 太田市内ケ島町1506-1他
- 国指定史跡

墳丘には葺石が施され、円筒埴輪が並んでいたと考えられている。

平野に突然現れる埴輪列

70 塚廻り古墳群第4号古墳

つかまわりこふんぐんだいよんごうこふん

ずっとずっと遥か彼方まで続く麦畑。広大な水田の真ん中に、いきなり埴輪列が現れて、ちょっとびっくりした。塚廻り古墳群は7基からなり、その中の4号墳が史跡公園となっていて埴輪列が再現されている。椅子に座る男子像とその前でひざまずく男子像、その周りに大刀を持つ巫女の埴輪が並び、さらに周囲を円筒埴輪が列になって囲んでいる。

「おそらく当時の儀式の様子を表していると考えられています」

椅子に座る男子像がリーダーで、ひざまずく男子像が何かを申し述べているのだろうか？

後円部の盾形埴輪には鋸《きょ》歯文《しもん》が描かれていて、魔除けの意味があるという。

ほとんど平らな土地のわずかな微高地上に造られた古墳群。農作地帯をまとめていた首長一族の治世が連綿と続いて、古墳を造り続けたのだろうか。4号墳は全長22mほどの帆立貝形古墳だが、ぎっしりと並べられた埴輪に被葬者の財力と権力を感じる。

塚廻り古墳群
第4号古墳

- 帆立貝形古墳
- 墳丘長22.5m
- 6世紀前半
- 太田市龍舞町3089-2他
- 県指定史跡

造形的に非常に優れた埴輪が出土しており、これらの埴輪は国の重要文化財に指定されている。

お寺の裏山ではありません！

71 円福寺茶臼山古墳

えんぷくじちゃうすやまこふん

一見、円福寺という寺の裏山という印象だが、この小山全体が、群馬県内第3位の大きさの前方後円墳である。くびれあたりの階段を登ると十二所《じゅうにしょ》神社が鎮座し、鬱蒼とした木々に囲まれている。墳丘部は削られているが墳頂部にはやはり古墳らしい雰囲気が漂う。円福寺は新田氏4代目の新田政義が鎌倉時代にひらいたとされ、境内には20基ほどの新田氏累代の墓がある。

円福寺
茶臼山古墳

- 前方後円墳
- 墳丘長168m
- 4世紀末～5世紀初め
- 太田市別所町594-1
- 国指定史跡

北西約1.2kmの中溝・深町遺跡に豪族の居館があったことがわかっており、その豪族がこの古墳の被葬者ではないかともいわれている。

ぽこんとした独立墳

72 朝子塚古墳
ちょうしづかこふん

　住宅地と道路に挟まれた田んぼの中に、ぽこんと浮かぶような感じで前方後円墳が佇んでいる。

　4世紀後半の古墳らしく、後円部に比べて前方部がぐんと低くなっているのがわかる。急な階段の上が後円部の墳頂になっていてそこに雷電神社の社がある。

「群馬大学の調査でお社の周りに円筒埴輪が四角く巡っている部分があって、どうやら2つの埋葬施設が並んでいたようです」

　このあたりを開発したリーダーと家族の墓だったのだろうか。

　近辺には高林西原古墳群があるが、この古墳群との関係はおそらくなく、独立墳と考えられているそうだ。ぽつんと離れて孤高のイメージがあるが、なんとなく親しみやすさも感じる古墳だ。

朝子塚古墳
●前方後円墳
●墳丘長123.5m
●4世紀後半
●太田市牛沢町1110-2
●県指定史跡

墳丘は川原石の葺石で覆われていた。円筒埴輪や壺形埴輪が発見されている。

理由はないがカッコいい！

73 寺山古墳
てらやまこふん

　群馬では珍しい前方後方墳が緑に覆われて、すっくと立っている。寺山古墳は金山丘陵の北西端に築造され、目の前を遮るものがなく、あたりの平野部を一望にできる。
「おそらく太田エリアではもっとも古い古墳のひとつですね。このあたりを治めた首長の墓と考えられています」
　墳頂に立ち、遠くまで見晴るかす気持ち良さは、言葉に変えがたいほど。群馬名物の「上州からっ風」がピューピューと強く吹いてきて、立っているのもやっとだったが、古墳を覆う緑も木々も風に揺れ、古墳自体が生き物のように生き生きとしたものに感じられる。
　帰りの北関東自動車道からその姿がよく見えて、なんとなく嬉しくなる。風に吹かれる緑の前方後方墳。じつにカッコいい古墳だ。

寺山古墳
●前方後方墳
●墳丘長約60m
●4世紀前半
●太田市強戸町2033-46
●市指定史跡

埋葬施設など詳しいことはわかっていないが、古い時代のリーダーの墓と考えられる。

仲の良い開拓者兄弟の古墳？

74 二ツ山古墳1号墳・2号墳

ふたつやまこふんいちごうふん・にごうふん

のどかな田園地帯を貫く一本道を挟んで、雰囲気のよく似た前方後円墳が寄り添うように並んでいる。1号墳の墳丘長が約74m、2号墳は約45mでやや小さい。

「1号墳からは金銅製の装飾大刀や武具、馬具、耳飾り、数多くの埴輪が出土しています」

1号墳、2号墳が至近距離ということは同じ一族の兄弟の墓かもしれない。兄（妄想です）のほうは出土品や埴輪列の充実ぶりから、控えめだが優れた人物だったのではないだろうか。弟は明るい性格で（妄想です）、2人で懸命にこのあたり一帯を開拓したのではないだろうか？ 寄り添うような2基の古墳には、2人の信頼と仲の良さが窺える（ように思えて仕方がない）。

二ツ山古墳1号墳
- 前方後円墳
- 墳丘長約74m
- 6世紀後半
- 太田市新田天良町167-85-乙
- 県指定史跡

二ツ山古墳2号墳
- 前方後円墳
- 墳丘長約45m
- 6世紀後半
- 太田市新田天良町167-172-乙
- 県指定史跡

1号墳の石室入り口付近から埴輪によって区画された広場が見つかった。

先見の明がある敏腕経営者の墓？

75 巖穴山古墳

いわあなやまこふん

北関東自動車道のすぐ横に、四方のエッジが立った古墳がある。金山丘陵北東の麓に造られた一辺36・5mの方墳だ。横穴式石室には、金山石という溶結凝灰岩が使われている。

「割れやすい溶結凝灰岩《ようけつぎょうかいがん》の巨石を使った非常に凝った造りになっていますね。近くには菅ノ沢《すげのさわ》須恵器窯跡群や製鉄といった生産遺跡もあり、ここの被葬者は、農業以外の産業集団を支配していた人物だったのかもしれません」

北関東自動車道の下は、奈良時代に整備された東山道《とうさんどう》駅路として、主要幹線道路が通っていた。須恵器や装身具、刀子、鉄釘などが発見されており、産業と交通、その両方の要衝を押さえた、当時最先端の経営手腕を持つ有力者だったのかもしれない。

巖穴山古墳
- 方墳
- 一辺36.5m
- 7世紀中頃
- 太田市東今泉町752
- 市指定史跡

終末期の古墳としては太田市内で現存する唯一の方墳といわれている。

UFOが出現？ いえ、古墳です

76 古海原前1号古墳

こかいはらまえいちごうこふん

洒落た住宅地の真ん中に、UFOが舞い降りたような風景…！ 古海原前1号古墳はこのあたりの古墳群のひとつで、この一基だけが復元整備されている。

「後世の開発整備で墳丘は破壊されましたが、もともとは墳丘長54mほどの帆立貝形古墳でした。埋葬施設は竪穴系の礫槨などで、上下に重なるように4つありました」

おお、ある一族の代々の首長が、上へ上へと追葬されていったというのか。それぞれに副葬品があり、玉、銅鏡、馬具などが出土したという。中でも銅鏡は同向式画文帯神獣鏡《どうこうしきがもんたいしんじゅうきょう》で、これは全国でも23例しかない非常に貴重なものだ。

「おそらくヤマト王権から与えられたものでしょうね」

この古墳のすぐ近くに利根川が流れていて、川向こうは埼玉になる。国と国との境にあってその国の防御の要にもなり、最前線でもあった地を治めていた人物、さらにはヤマト王権から重視されていた人物が眠っていたのだろうか。UFOのような可愛いかたちからはちょっと想像できないけれど…。

古海原前1号古墳

- 帆立貝形古墳
- 墳丘長約54m
- 5世紀末～6世紀初め
- 大泉町古海297-3
- 県指定史跡

墳丘は後世の開発などで破壊されたが、現在は史跡公園として復元整備されている。

古海原前1号古墳の出土品に出会える！
大泉町文化むら埋蔵文化財展示室

おおいずみまちぶんかむらまいぞうぶんかざいてんじしつ

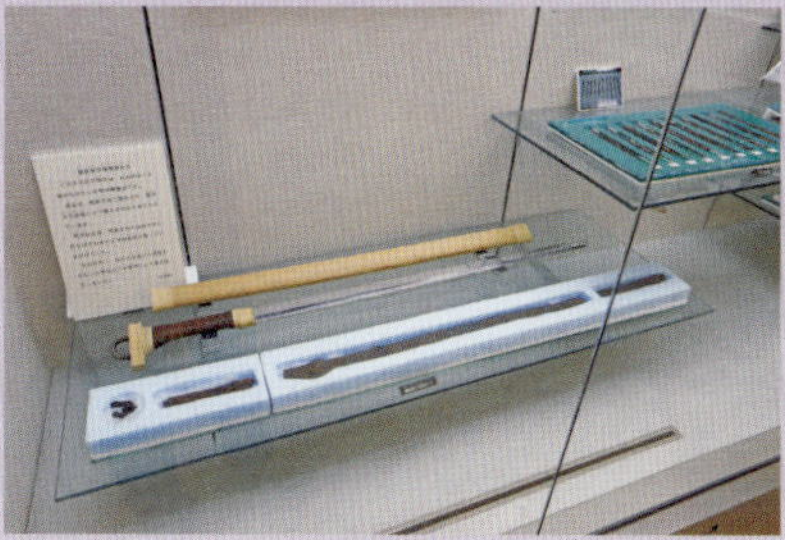

町内で出土した旧石器時代から中世の遺物、古墳から出土した埴輪類など貴重な考古資料を数多く展示している。

古海原前1号古墳の捩り環頭大刀（ねじりかんとうたち）の複製品をはじめ、鉄製の馬具・轡、鉄鏃、玉類などが展示されている。

- 大泉町朝日5-24-1（大泉町文化むら展示ホール棟内） ☎0276-63-7733

入館料／無料　開館時間／9:00～17:00
休館／月曜（祝日、振替休日の場合は翌日以降の平日）、年末年始

KOFUN MORE in GUNMA

古墳のあとにちょっと寄り道～群馬～

写真は「ググっとぐんま写真館」から転載

草津温泉《くさつおんせん》

古墳時代から湯治場だったかも…？

日本屈指の温泉として知られる草津温泉。なんとその歴史は古墳時代まで遡り、日本武尊が東征帰途の折に温泉を発見したと伝わる。大滝乃湯、御座乃湯、西の河原露天風呂の草津三湯を巡って、歴史ロマンに浸りたい。

●草津町草津

富岡製糸場《とみおかせいしじょう》

美しい煉瓦積みに古墳の石室を想う

明治政府が日本の近代化のために設立。フランス人のオーギュスト・バスティアンが図面を引き、日本人の大工や職人によって日本と西洋の技術を見事に融合させた建物を建設。フランス積みで積まれた煉瓦壁が美しい。

●富岡市富岡1-1

焼きまんじゅう

群馬県民イチオシのソウルフード

昔から小麦の生産地だった群馬を代表する食べ物。中身が入っていない小麦粉で練ったまんじゅうをこんがり焼いて、甘辛い味噌ダレを塗りつけている。ふかふかの生地と甘じょっぱいタレとの相性が素晴らしい。

古墳巡りの4つの基本ルール

1. 古墳はいつ巡る?

古墳のベストシーズンはこれといって決まっていないが、春、秋、冬がおすすめだ。初夏から秋までは、墳丘が草に覆われて入りにくく、また虫が多く、時に蛇に遭遇することもあるので、あまりおすすめできない。墳丘のかたちをしっかり見たいのなら、木々の葉が落ちた晩秋〜冬場がおすすめだ。

2. 古墳は妄想&想像をたくましくして楽しもう!

古墳時代の文字情報はほとんど残っていない。だから謎が謎を呼んで深まるばかり…!?ということもある。そんなときは、本書を書いている古墳ライターの郡《こおり》 麻《ま》江《え》と同じように、妄想や想像をどんどん膨らませて、楽しんでしまおう。古墳に誰が眠っていたのか? 隣り合う古墳同士の関係は? 謎の出土品の意味は? などなど、考え出したら妄想が止まらなくなるかもしれない。でも、大丈夫。それが古墳の懐の深さ、おおらかな魅力だし、醍醐味なのだ。

3. 古墳巡りの服装は?

基本的にハイキング向きの服装を考えればOK。藪が深い、林に分け入る、墳丘に小石が多いなどの場合があるので、夏場でも長袖(脱ぎ着可能)、長ズボン、足元はトレッキングシューズなど丈夫な靴を履くこと。ほかに懐中電灯、虫除け、消毒スプレー、絆創膏なども準備しておくと安心。

4. 節度を守って、安全に。

住宅地内の古墳は民家と隣接している場合が多いので、静かに見学し、私有地には立ち入らないこと。駐車場を完備していないところも多いので、事前に駐車場の有無を調べておくこと。都心や駅に近い古墳はできるだけ公共交通機関を利用しよう。レンタサイクルがあれば、それもおすすめだ。

ゴミもきちんと持ち帰ろう。道に迷ったり、天候不良、日没時などは無理をせず、引き返すことも大切。石室見学については事前に最寄りの展示施設や教育委員会など管轄部署に安全確認をすること。

OCHIGI

栃木の古墳

黄門様が古墳を発掘？日本の考古学の先駆けエリア

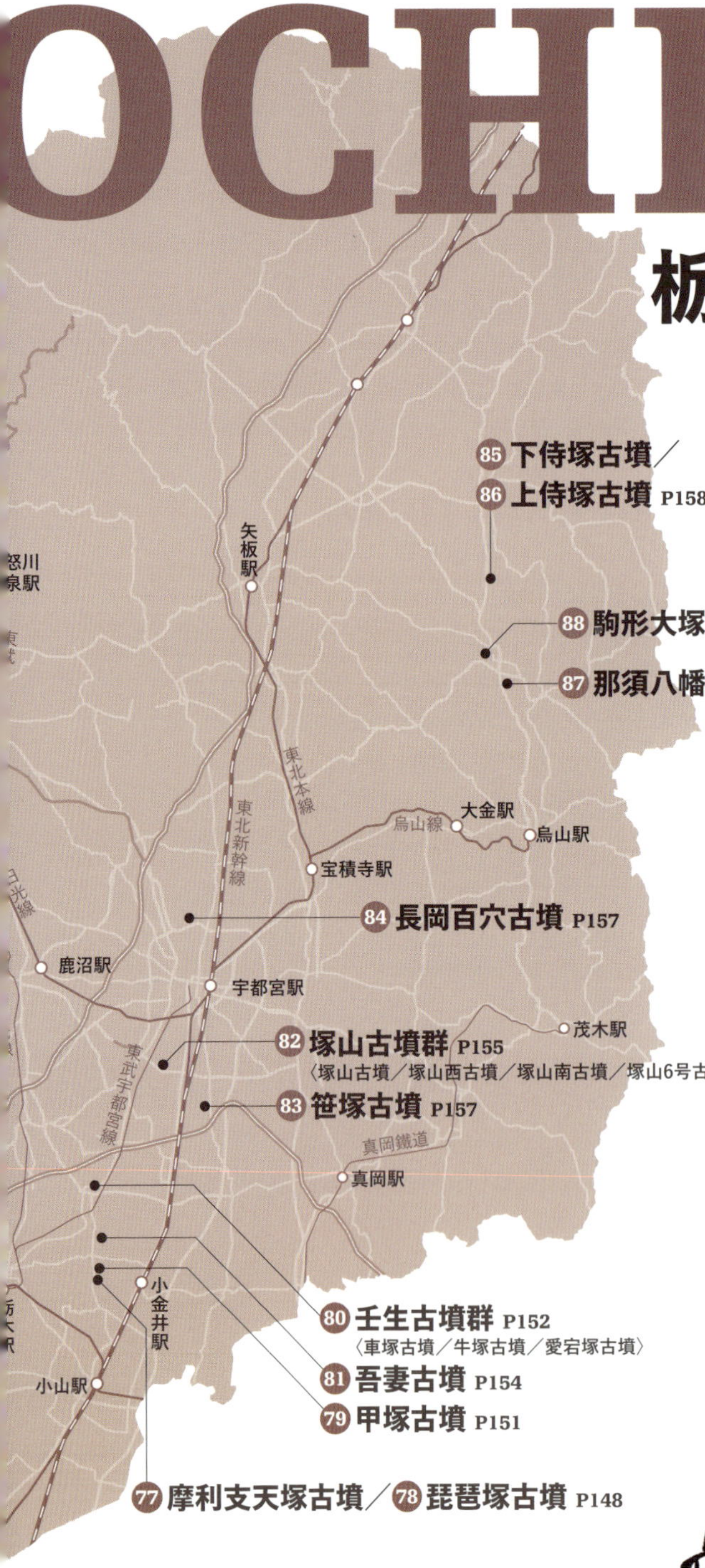

前方後円墳という名称の生みの親、栃木出身の蒲生君平。

栃木県では古墳時代、下毛野《しもけの》と那須の2つの国が存在していました。それぞれの国には特徴があり、下毛野国はヤマト王権と連動して次々と巨大古墳が築かれました。那須国はおそらくヤマト王権誕生時の最北端として開発された地域で、前方後方墳が4〜5代にわたって築かれたあと、しばらくの空白があり、5世紀後半に前方後円墳が築造されました。江戸時代には徳川光圀（水戸黄門）が、上・下の侍塚古墳を日本で初めて考古学的に発掘調査をしたこともよく知られています。調査後、出土品を絵図に記録して古墳に埋め戻し、墳丘に保護のための松を植えましたが、これは現代の文化財保護にも通じています。江戸時代の終わりには、宇都宮出身の蒲生君平《がもうくんぺい》が、『山《さん》陵志《りょうし》』という書物の中で、初めて「前方後圓」という用語を著していますが、彼こそが前方後円墳の名付け親といえます。

古墳は首長継承の
儀式の舞台だったという説があります。
今、あなたは民衆と一緒に周溝の外に座っています。
前方部へ首長が現れました。首長の顔は見えますか？
その方の顔が遠く小さくしか見えない大きな古墳、
あるいは顔がわかるぐらいの中・小の古墳など
現地で見るからこそ実感する、首長と民の
距離感があります。そんなことも想像すると
古墳巡りも楽しさ倍増です。

●栃木エリア ナビゲーター
栃木県埋蔵文化財センター
篠原祐一《しのはらゆういち》さん

おすすめ1日コース

- 東北自動車道矢板IC
  - 🚗 35分
- **大田原市なす風土記の丘湯津上資料館**
  - 🚶 1分
- **下侍塚古墳**（武士のようなカッコよさ！）
  - 🚗 5分
- **上侍塚古墳**（ワイルドな印象に萌える…！）
  - 🚗 15分
- **那珂川町なす風土記の丘資料館**
  - 🚗 5分
- **駒形大塚古墳**（ひっそりと佇む風格ある古墳）
  - 🚗 15分
- **那須八幡塚古墳**（男性的なイメージの前方後方墳）
  - 🚗 50分
- 東北自動車道矢板IC

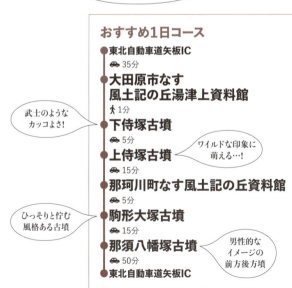

栃木の雄。強大な支配者の墓

77 摩利支天塚古墳
まりしてんづかこふん

78 琵琶塚古墳
びわづかこふん

朝の澄み切った空気の中で古墳の周囲に清々しい空気が満ちている。早朝から地元の人だろうか、鳥居の前で手を合わせて、階段を登っていく姿が見える。摩利支天塚古墳の後円部には摩利支天社が祀られていて、古墳そのものが地元の鎮守様になっているのだ。

墳丘長は約120m、やはりスケール感がちがう、非常に大きく立派な古墳だ。

「このあたりは下毛野国の中心部西側を南北に流れる思川《おもいがわ》と姿川《すがたがわ》の合流地点にあたります。水も豊富で、古代、低地の農地開発に成功し、さらに水運の利権も押さえた強い支配者がいたと考えられます。あちらに

古くから聖域として大切に守られてきた摩利支天塚古墳。

も古墳が見えるでしょう？ あれが琵琶塚古墳です。ここが初代、向こうが2代目の首長の墓ではないかといわれています」と篠原さん。

L字型に配置された2基の古墳は、距離からいっても、サイズ感からも相当の力を持った首長一族のものだろう。

「この頃、ちょうど、群馬では保渡田古墳群（P118）、埼玉では埼玉古墳群（P48）が造られていて、全国的に新しい有力氏族の台頭などが起こっていたのでしょう。2基の古墳が築造されて以降、この地域に連綿と古墳が築造され続けますので、長期にわたって君臨した一族がいたと思いますね」

参道には清々しい空気が流れる。

摩利支天塚古墳は二段築成で前方部の高さは約7m。ここから後円部を見ると約3m高いので、少し見上げる感じがする。墳丘には二重以上の埴輪列が巡り、大型埴輪が多数、出土しているが、これらは古墳に併設の資料館でたっぷり見ることができる。

この古墳の西側には「飯塚古墳群」という100基を超える群集墳があり、おそらく、この一族に仕えていた人たちの墓域といわれている。

◎

琵琶塚古墳は田んぼの真ん中にでんと古墳があり、視界が開けて墳丘のかたちがよくわかる。こちらも前方後円墳で、墳丘長が約125mある。階段があり、墳頂まで登りやすい。上から見ると、平野がずっと続き、遠くに日光山連峰が綺麗に見える。

墳丘からは遥か遠くまで見渡すことができる。

「古代、このあたりは下毛野国と呼ばれ、下毛野君《しもけのきみ》という一族が治めていました。摩利支天塚古墳、琵琶塚古墳は、この一族盟主の古墳とみられます。持統天皇の頃、大宝律令を選定して閣僚まで出世した下毛野《しもけの》朝臣古麻呂《あそんこまろ》という人物がいますが、彼は下毛野君本家の直系で、吾妻古墳（P154）に葬られた首長から2～3代後の人物と考えられます」

記録に残る人物の名前が出てくると、途端に古墳の被葬者のリアリティが出てきて、面白くなってくる。

篠原さんが面白い話を展開してくれた。

「古墳は首長継承の舞台であるとの説があります。儀式は後円部で夜中に行われ、明け方、しずしずと後円部から前方部に移動します。死者の世界の後円部から、現世へ移るときに鶏が鳴き、新しい日が来たことを告げるのです。周溝の前方部寄りには、新しい君の一族や賓客が座っています。庶民は周溝の堤の外あたりでひざまずいているわけです。日の出の直前、前方部に新しい下毛野君が現れてあたりを睥睨《へいげい》するように立っている姿を想像してみてください」

金銅製の冠や帯を身につけ、大刀を腰に下げた新たな首長の背後から陽が昇り、その姿を照らした瞬間、金色に輝く姿が目に映る…。キラキラと装飾品が輝いて、彼が高らかに即位を宣言する。

「人々は継承の宣言を聞きながら時代の幕開けを確認したのではないでしょうか」

我々、庶民は思わず、ははーっとこうべを垂れてしまうにちがいない。

古墳のくびれ部付近では、鶏の埴輪が出土する例が多いそうだ。篠原さん曰く、前方部の高さや周溝の幅が、首長と庶民との距離感を演出しているのではないかという。

エッジが綺麗に立ち、美しい墳形を持つ琵琶塚古墳。

摩利支天塚古墳

●前方後円墳●墳丘長約120m
●5世紀末〜6世紀初め
●小山市大字飯塚362●国指定史跡

周溝は二重で内側の周溝の幅は20〜40mにも及ぶ。葺石はなく、埴輪列は少なくとも二重に巡っている。

琵琶塚古墳

●前方後円墳●墳丘長約125m
●6世紀前半
●小山市大字飯塚655●国指定史跡

県内最大級の前方後円墳。1段目が幅10m前後の平坦面で、「基壇」を持つ下野型(しもつけがた)古墳の原型といわれている。

画期的な展示! 古墳のための資料館

国史跡摩利支天塚・琵琶塚古墳資料館

くにしせきまりしてんづか・びわづかこふんしりょうかん

展示室では摩利支天塚・琵琶塚古墳から出土した埴輪列の迫力ある展示が見応え十分。さらに「見せる収蔵庫」というコンセプトの展示収蔵室でも埴輪などの遺物をしっかりチェックできる。特筆すべきは展望スペースから望む両古墳の姿だろう。ゆったり座って、古墳を眺める気分は古墳ファンにはたまらない。

●小山市大字飯塚335
✆0285-24-5501　入館料／無料
開館時間／9:00〜16:30
休館／月曜(祝日、振替休日の場合は翌日)、年末年始

希少な機織形埴輪が2台も出土

79 甲塚古墳《かぶとづかこふん》

「この古墳は、史跡下野国分寺《しもつけこくぶんじ》跡のすぐ南にあるのですが、寺側から見えない場所に凝灰岩とその脇に壊れた埴輪が見つかりました。国分寺建設の強制労働に腹を立てた人夫が石で埴輪を壊したのかもしれませんね（笑）」

削られた墳丘は小さく見えるが、この古墳からはなんと機織り機と人物の形象埴輪が2台出土した。6世紀後半にすでに機織り機があったことが判明したのである。

甲塚古墳
- 帆立貝形古墳
- 墳丘長約80m
- 6世紀後半
- 栃木県下野市国分寺

前方部の西側で人物や馬などの形象埴輪や土器類が多く出土したことから、前方部の基壇で祭祀が行われていたと考えられている。

国の重文、機織形埴輪を展示

しもつけ風土記の丘《しもつけふどきのおか》

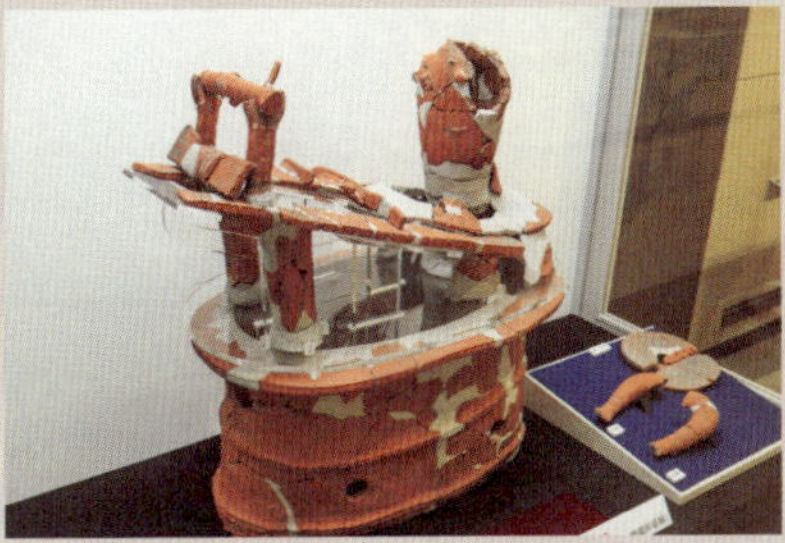

古墳や国分寺跡、国府跡など数多くの史跡に近く、史跡の遺物をはじめ、貴重な資料を展示している。古墳時代のコーナーの、甲塚古墳から出土した日本で唯一の機織形埴輪をはじめとする埴輪の数々はとくに素晴らしい。下野国分寺の七重の塔の縮小レプリカも見どころのひとつ。多彩な展示からこの地の歴史の移り変わりを読み取ることができる。

●下野市国分寺993　☎0285-44-5049
入館料／無料　開館時間／9:30〜17:00（入館は〜16:30）　休館／月曜（祝日、振替休日の場合は翌日）、第3火曜（休日の場合は除く）、休日の翌日（土・日曜・休日の場合は除く）、年末年始

考古学の視点から県の歴史に触れる

栃木県埋蔵文化財センター《とちぎけんまいぞうぶんかざいせんたー》

栃木県内で発掘された出土品がところ狭しと展示してある。豊かに繰り広げられた縄文時代や、縄文文化と重層化した弥生時代、古墳時代終末の渡来人の足跡や日本最初の産金を知ることができる。収蔵庫や図書室などを案内するバックヤードツアーが人気。普段は入れない収蔵庫では実際に土器に触れることもできる。

●下野市紫474　☎0285-44-8441
入館料／無料
開館時間／9:30〜16:30（入館は〜16:00）
休館／土曜、祝日（日曜の場合、翌日）、年末年始

「下野型《しもつけがた》古墳」の宝庫

80 壬生古墳群《みぶこふんぐん》

壬生古墳群

黒川と思川が合流する東側の台地に築造された古墳群。群内の古墳は墳丘の第1段に幅広の平坦面を造る下野型古墳の特徴を持つ。

平面に整えた切石がすっきりとしてとても美しい。

車塚古墳《くるまづかこふん》

車塚古墳は国内最大級の大円墳だ。見るからに大きい。直径は82m、古墳時代終末期の東国最大の円墳だという。

「面白いのが壬生古墳群の中では珍しく、川原石の葺石で覆われていたことですね。栃木では葺石を持つ古墳は少ないので貴重な古墳です」

篠原さんの後をついていくと横穴式石室の開口部があった。入り口に巨大な凝灰岩の切石が組み合わせてある。

「平成28（2016）年度の調査では、玄門の手前が前室で、さらに手前に前門で区切られた墓道（羨道部）が存在していたことがわかりました。墓の中心部まで2室を通るなんて、それだけで特別な古墳といえますね」

切石は平らにきちんと整えてあり、古代人の技術水準の高さに驚く。中に入ると外からは想像できない広々とした空間が広がる。赤い顔料のようなものが残っていて、これはベンガラを塗った跡らしい。

石室内は奥壁も天井も側壁も全部一枚岩で造られている。すべて真っ赤に塗られているのを想像すると落ち着かない気分になってくる。

振り返ると、おお、家のかたちの彫り物がくっきりと浮かび上がっている。

「入り口のホゾ穴とこの彫り物は後世のものとの説があります。でも、県北部の那珂川町にある唐の御所という横穴墓は、天井を切妻形にしています。石室を家に見立てる考えは古墳時代にすでにあったのです」

真っ赤な家。古代人の死生観を垣間見たようで、非常に面白い。

墳頂に登ると周溝がずっと下のほうに見える。一番下のテラス？のようなところがかなり幅広い。一体なぜ？

「車塚古墳は三段築成で、第1段の平坦面が非常に幅広いんです。これを〈基壇〉と呼んでいます。こうした第1段目の広い古墳は、6世紀後半から7世紀前半にかけて栃木県南部に多く築造され、大きく見えても土盛りが少ない場合があるんです」

少ない労力で大きく見せる。めちゃくちゃ効率がいいですね？

「まあ、僕は見せかけの大きさと言っていますが（笑）。これが〈下野型〉というものです」

古代の下野人はなかなかちゃっかりした気質だったんだろうか？

車塚古墳と道を挟んで真横に牛塚古墳がある。なんとなく、草を喰みながらゆったり寛ぐ牛に見える。

「ここは調査が行われていないので詳しいことはあまりわかっていません」

車塚古墳は男性的なイメージがあったが、あくまでイメージでいうとこちらは女性的な感じがする。この古墳も〈下野型〉の古墳だ。

牛塚古墳《うしづかこふん》

愛宕塚古墳《あたごづかこふん》

2基の古墳からすぐ近くに、静かな神社がある。鳥居の奥の参道の先がこんもりと盛り上がっていて古墳の匂いがプンプンする。やはり、愛宕塚古墳だった。

墳丘に登ると木々が鬱蒼としていて、昼でもほの暗い。前方部に社殿があり、後円部のほうが前方部より少し低い。

3基とも東武宇都宮線壬生駅から徒歩で巡ることができるので、古墳散策を楽しむのもいい。

車塚古墳

- 円墳●直径82m
- 7世紀初め
- 壬生町大字壬生甲
- 国指定史跡

墳丘南側に凝灰岩の一枚岩を組み合わせた横穴式石室がある。床には巨大な板状の石が置いてあるが、門扉の役割の石が落ちてしまったようだ。

牛塚古墳

- 前方後円墳●墳丘長50m
- 6世紀末
- 壬生町大字壬生甲3068
- 国指定史跡

墳丘から須恵器の甕の破片が出土しているが、発掘調査を行っていないため、埋葬施設についてはよくわかっていない。

愛宕塚古墳

- 前方後円墳●墳丘長77m
- 6世紀後半
- 壬生町大字壬生甲3278-1
- 国指定史跡

周堤から盾持ち人埴輪や円筒埴輪などが出土している。前方部がかなり発達した古墳時代後期の墳形をしている。

県内最大長！ 下野型の前方後円墳

81 吾妻古墳

あづまこふん

トラックが行き交う工業団地の雑木林に古墳がぽつんと佇んでいる。県内最大の127mの墳丘長を誇る前方後円墳だ。

周溝に降りて、対岸、つまり古墳の1段目に登ってみる。あれ、先ほどの地面とほぼ同じ高さ？

「1段目を少し土盛りして整地した、かなり幅広の〈下野型〉ですね。本格的な墳丘造営は2段目からになります」

うーむ。関西の古墳では見たことのない独特の造り方だ。墳丘長はどこで測るのだろう？

「全国ルールで墳丘長は周溝の内側間で測ります（笑）」

前方部の横穴式石室から銀装の刀子や金銅製の帯金具、ガラス玉、金銅製の帯など非常に豪華な副葬品が出土した。

「摩利支天塚、琵琶塚に続く下毛野君の墓と考えられています。この古墳を最後に、下毛野君の本家は都に移ったのではないかと僕は思います」

2段目からの本格築造で県内最大長とは…！ 3代目は効率重視型の、なかなかのキレ者だったのかもしれない。

吾妻古墳

- ●前方後円墳●墳丘長127m
- ●6世紀後半
- ●壬生町大字藤井字吾妻1051-1
栃木市大光寺町吾妻2969
- ●国指定史跡

巨大な一枚岩の凝灰岩や自然石で造られた石室が前方部にあることがわかっている。また、ここは入会地になっていて、人々が落葉を集めて肥料にしたり、薪を取るなどしていたため、腐葉土が溜まらず土が堆積していないという。近くに駐車場はないので注意を。

壬生城跡に立つ展示施設

壬生町立歴史民俗資料館

みぶちょうりつれきしみんぞくしりょうかん

壬生町の歴史と文化について、各時代の資料を展示・公開している。古墳時代のコーナーでは、車塚古墳、富士山（ふじやま）古墳、茶臼山古墳、吾妻古墳などの貴重な出土品を展示。富士山古墳の家形埴輪など、埴輪はなかなか見応えがある。また庭園内には、藩主の希望で吾妻古墳から取り出した凝灰岩の玄門が置かれているので、ぜひチェックを！

●壬生町本丸1-8-33
✆0282-82-8544
入館料／無料
開館時間／9:00～17:00（入館は～16:30）
休館／月曜、火曜午前、祝日、年末年始

憩いの場よ、いつまでも

82 塚山古墳群《つかやまこふんぐん》

こんな楽しげな古墳を見たのは初めてかもしれない。墳丘全体がツツジで覆われて、モコモコと生クリームが載ったケーキのように見える。

古墳の傍らでは親子がバドミントンをして遊んでいたり、なんとものどかな景色だ。

「この塚山古墳は個人の所有地なんです。個人の方がこの巨大な古墳をずっと守り続けてくれているんですよ」

なんと、市民に開放されているプライベートな古墳なのだ。現状では、前方後円墳の塚山古墳、帆立貝形古墳の塚山西古墳と南古墳、円墳の塚山6号古墳の合計4基が残っているそうだ。

モコモコの塚山古墳に登ってみる。古墳全体が明るくポップな感じがする。

「ツツジを植えて古墳が崩れないようにし

古墳群の下を国道121号が走っている!

塚山古墳群

●宇都宮市西川田7丁目

大型の前方後円墳である塚山古墳を中心とする古墳群。多くの埴輪や円筒棺が確認されている。古墳の周囲は史跡公園になっていてよく整備され、憩いの場となっている。

塚山西古墳《つかやまにしこふん》

塚山南古墳《つかやまみなみこふん》

塚山6号古墳《つかやまろくごうこふん》

てくれています。保護活動のひとつですね」

季節になれば鮮やかな花を咲かせて、人々の目を楽しませてくれることだろう。

「塚山古墳の被葬者の時代に、下毛野はヤマト的な社会体制が完成したようなんです。いわゆるピラミッド構造の社会で、権力が大きいほど支配するエリアも広くなります。それを知る手がかりのひとつに祭祀に用いる小さな石製祭具があります」

石製祭具とは、刀子、剣、鏡、櫛、枕などを、石を加工してミニチュアサイズでつくったもの。塚山古墳の時代、これを祭祀で用いることができたのはごく限られた人々、ピラミッドの最上部にいる人々だけだったという。

「この時代、石製祭具の素材となる石は群馬県内から確保し、小山市付近で製品を加工、そして、宇都宮市の南部で完成品をいったん集めて、その後、限られた階層の人々に、祭祀の方法とともに石製祭具を配布したと考えられます」

石の調達など他の地域との交渉や、加工技術の構築、製品の流通システムをつくり上げた創業者のイメージ。多方面にわたって優れた手腕を発揮し、ピラミッドの頂点を極めた人物によって、下毛野の勢力図がつくり上げられたのだろうか。

「また魂が魂を生む呪具といわれている子持勾玉が宇都宮南部から壬生にかけて数多く出土しています。一体、どのような祭祀が行われたのでしょうね」

振り向くと塚山古墳は、そんなことはお構いなしといった風情で、モコモコのんびりしたまま。いつまでものんびりとこの景色が残ってほしい。

塚山古墳

●前方後円墳●墳丘長98m
●5世紀前半●県指定史跡

塚山西古墳

●帆立貝形古墳●墳丘長63m
●5世紀後半●県指定史跡

塚山南古墳

●帆立貝形古墳●墳丘長58m
●5世紀末〜6世紀初め●県指定史跡

塚山6号古墳

●円墳●直径20m
●5世紀後半〜6世紀初め●県指定史跡

県内初の前方後円墳！

83 笹塚古墳

ささづかこふん

墳頂への道を見上げると、おにぎりのような山を登っていく気分になる。せっせと登った先には小さな祠が立っていた。

「笹塚古墳は県内で最初に築造された本格的な前方後円墳です。この古墳を皮切りにして、下野エリアへ前方後円墳文化が伝播していきました。これは古代の史書である『国造本紀《こくぞうほんぎ》』の伝承と一致します」

最初に前方後円墳を採用した人とはどんな人物だったのだろう。新しもの好き？　あるいはヤマト王権から送り込まれた人？

「当時、このあたりは、新興住宅街みたいなものだったようで、そのシンボルがこの古墳だったのではないでしょうか」

現在も近くに新たな住宅地が開発中だ。いつも人が動く場所。ここはそんな土地なのかもしれない。

笹塚古墳

- 前方後円墳
- 墳丘長100m
- 5世紀前半
- 宇都宮市東谷町
- 県指定史跡

後円部は樹木に覆われて、墳丘の一部は削られてしまっており、現在、薬師堂が立っている。

新しい時代の墓域のかたち

84 長岡百穴古墳

ながおかひゃくあなこふん

夕暮れ時の古墳というのは独特の空気が満ちているが、それが横穴墓となると無数の穴が人の目や口に見えて、少し怖い。

長岡百穴古墳は古墳時代の後半、6世紀末〜7世紀頃に築造された。凝灰岩の一種でできた崖面に無数の横穴を掘って横穴墓が造られた。ずっと開口しているので、骨や副葬品は残っていないが、穴の奥に必ずといっていいほど仏像が彫られている。後世になって、信仰の対象の岩窟として使われていたらしい。

「追葬型で、同族や家族、親子関係などの骨があったはずです」

前方後円墳も造られていた時期だが、同時に新しい墓域のかたちが生まれつつあったのだろう。死後のこと、葬送の儀式など人々の考え方も変わっていったのだろうか。

長岡百穴古墳

- 横穴墓
- 6世紀末〜7世紀前半
- 宇都宮市長岡町373
- 県指定史跡

東西2群に分かれていて、西に8基、東に44基、合計52基の横穴がある。中には玄門の外側に扉石をはめ込んだものもある。

サムライの名を持つ
縁《えにし》深き2基の古墳

85 下侍塚古墳《しもさむらいづかこふん》

86 上侍塚古墳《かみさむらいづかこふん》

均整のとれた墳丘に、赤松がすっくと立って、なんともきりりとした佇まい。能舞台のように凛として清々しい前方後方墳だ。見る者の背筋もすっと伸びるような姿は、その名からも、武士が居ずまいを正して端座しているようにも見える。

「この近くで発見された那須国造碑《なすのくにのみやつこのひ》の存在を知った水戸光圀公が、こちらの下侍塚古墳と少し南にある上侍塚古墳が那須国造に関係する墓ではないか？と考えたようです。そして元禄5（1692）年、時代ドラマの〝助さん（介さん）〟のモデルといわれ下侍塚古墳には幅広い周溝が残っている。

松の生え方自体に能舞台のような趣がある。墳丘がよく見えて、非常に美しい。

ている佐々《さっさ》介三郎《すけさぶろう》宗淳《そうじゅん》らに発掘調査を命じたんです」

国造と関係するものは発見できなかったそうだが、土器や石釧・管玉などの装飾品、大刀など豪華な副葬品が出土した。光圀公は、何が出てきたかを一つひとつ、図面に描き残させ松の箱の中に入れて、封印のサインをして、再び、墳丘に埋め戻したそうだ。

「光圀公は墳丘に松の木を植えて、古墳のかたちが崩れないようにしたんですよ。これは日本初の考古学的な発掘調査であるとともに、日本初の史跡整備といえます。この古墳、古くは車塚と呼ばれていたそうなんですが、お侍さんが掘ったから、地元の人が侍塚と呼ぶようになったんですよ」

黄門様が初の発掘調査を行ったことも、ネーミングの由来も、素晴らしい歴史秘話だ。おかげでこんなに美しい古墳がずっと大切に守られてきたのだから、古墳ファンとして黄門様に感謝したい。

風が強い日で、松の木がざわざわと音を立て、古墳が生きていて、何かを囁いているようにも思える。後方部と前方部はくっきりとかたちが残り、くびれもはっきりわかる。前方部のエッジなど、じつにシャープにキリッとしていて、なんと美しい古墳だろう…！　前方後方墳というのも男性的でカッコいいのだが、まさに美形の武士、というイメージ。

周溝は一重で前期古墳らしく、土台からしっかり土盛りをしている。高さもかなりあって、上から見下ろすとちょっと怖いくらいの角度がある。

後方部の墳頂にはへこみが残っていて、これが発掘調査の跡と考えられている。

「光圀公の偉いところは豪華な副葬品を水戸に持ち帰らなかったことですね。偉い殿様なら自分のものにしてしまえるのに、それをせず、記録をとって、ちゃんと埋め戻したことなんです」

◎

上侍塚と下侍塚という上下のちがいは、水戸から見て近いほうを上、遠いほうを下にしたといわれているそうだ。下侍塚古墳が4世紀中頃で、上侍塚古墳は少し遅れて4世紀後半に築造されたという。

上侍塚古墳は下侍塚古墳の南約８００ｍの場所にある。松が深く生い茂り、近づく

雄々しさ、力強さを感じさせる上侍塚古墳。

と大きな壁がそびえているように感じる。下侍塚古墳を静かで端正な武士とすれば、こちらは男らしく、ワイルドで力強い武闘派？のようなイメージがある。

「栃木県内の前方後方墳では第2位の大きさを誇っています。斜面を見てください。急角度でしょう？ 段築《だんちく》がないんですよ」

うわ、ほんとうだ。トップから迷いなくストーンと落ちている感じ。半端ない角度がついていて、まちがいなく人の手で造った人工物だということがわかる。そしてまちがいなく、下侍塚古墳よりワイルドだ。

こちらの古墳も後方部の墳頂にゆるやかなへこみがあり、光圀公の調査の跡らしい。光圀公の命を受けて、あの〝助さん〟が現場監督をして、村人を動員して発掘を行ったと思うとワクワクしてくる。

つい、そのへんに〝助さん〟が立ってあれこれ指示を出している姿を想像してしまう。きっと絵師も連れてきていて、出土品を描かせたのだろう。古墳へのリスペクトがあった？

「というより、すでに文化財的な考え方をちゃんとしてたんでしょうね」

墳丘上から見るとまるで断崖のように切り立っているのがわかる。

なるほど。まさしく先見の明とはこのことだろう。

ところで上と下、両方の侍塚古墳にはどんな人が埋葬されていたのだろうか。

「墳丘に登ると南に那珂川がよく見えるんです。その水運を掌握していたと同時に、この2基の被葬者はヤマト王権から派遣された人物ではないか？と僕は考えています」

もう1基、さらにここから南下したところに、3世紀後半の築造の駒形大塚古墳（P164）という前方後方墳がある。篠原さんは、その古墳を始まりとして、その後にこの地域の前方後方墳の築造が続いたのではないかというのだ。

「この地を治める司令長官として、初代・2代とヤマト王権から派遣されて来たのでしょう。その人たちに血の繋がりはなく、初代の次にまた別の人が任命されて、下侍塚古墳は3代目、上侍塚古墳は4代目あたりが埋葬された墓なのではないでしょうか。ヤマト王権にとって、国の最北端のひとつが那須地域で、ここを安定的な支配領域に組み込むまでの間、派遣されたのでしょう。ヤマトの地だという認識ができたときに、派遣は終わったのだと思います」

そのためか下侍塚古墳の後、5世紀後半に前方後円墳が造られるまで、この地域には大きな古墳は造られていない。

「那須の地は軍事的境界だったので、ヤマト王権が北を意識するといつもテコ入れをされるんです。6世紀後半、東北へ触手を伸ばすときが第2回のテコ入れで、この結果、那須国造碑《なすのくにのみやつこのひ》に登場する那須直韋提《なすのあたいいで》が誕生するのです」

奈良時代の中心的な役所であった那須《なす》官《かん》衙《が》遺跡《いせき》も軍事的性格が強かったという。それほど重要な地域、那須国を切り拓くために、ヤマトから派遣された長官たちは、どのような思いで今と同じ山並みを見ていたのだろうか。

下侍塚古墳

●前方後方墳●墳丘84m
●4世紀中頃
●大田原市湯津上
●国指定史跡

現在も墳丘には葺石が見られる。周溝の調査で土師器の壺が見つかっている。

上侍塚古墳

●前方後方墳●墳丘長114m
●4世紀後半
●大田原市湯津上
●国指定史跡

墳丘には葺石があり、周溝は西側だけに確認されている。

侍塚古墳の出土品を多数展示

大田原市なす風土記の丘 湯津上資料館

おおたわらしなすふどきのおかゆづかみしりょうかん

日本考古学発祥の地といわれる上侍塚古墳と下侍塚古墳。当時の発掘調査の貴重な記録「湯津神村車塚御修理（ゆづかみむらくるまづかごしゅうり）」や、古墳の発掘について書かれている〝助さん〟の手紙など貴重な資料が展示されている。他にも那須国造碑のレプリカの詳細説明や、縄文時代、奈良・平安時代の遺跡の出土品なども見ることができる。

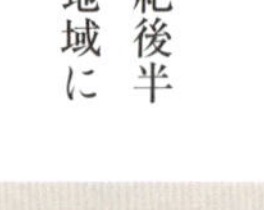

●大田原市湯津上192
✆0287-98-3322
入館料／大人100円
開館時間／9:00〜17:00（入館は〜16:30）
休館／月曜（祝日の場合は翌日）、年末年始

那須八幡塚古墳

- 前方後方墳
- 墳丘長60.5m
- 4世紀中頃
- 那珂川町吉田八幡塚

葺石と周溝があり、後方部の墳頂に木棺直葬の埋葬施設があった。夔鳳鏡や武器、土師器などが出土した。

夔鳳鏡《きほうきょう》は信頼のしるし？

87 那須八幡塚古墳
なすはちまんづかこふん

墳丘のエッジのシャープな感じが、前方後方墳らしい。

那須八幡塚古墳は墳丘も周囲も綺麗に整備されている。

「この古墳は4世紀中頃の築造で、下侍塚古墳より少し早く造られたと見られています。調査が行われたとき、後方部の墳頂の中央に埋葬施設が見つかり、割竹形木棺《わりだけがたもっかん》が直葬されていました。出土品の代表的なものが中国製の夔鳳鏡《きほうきょう》です。下侍塚古墳からは斜縁神獣鏡《しゃえんしんじゅうきょう》が出土し、古墳の大きさも考慮すると、下侍塚古墳の被葬者が長官、那須八幡塚古墳の被葬者が副官だったのかもしれません。副官が先に亡くなり、長官からもらった夔鳳鏡を大切に墓に入れたことも考えられます」

他には鉄剣、直刃鎌、鋸、鉋、小刀、鉄斧、小斧、土師器《はじき》などが見つかっている。

下侍塚古墳と比べると墳丘は見劣る感じがするが、副葬品はすごい。下侍塚古墳の被葬者を那珂川上流の地を開発する最前線の将とすれば、那須八幡塚古墳は、さしずめ留守を預かる国家老のようなものだろうか。

墳丘裾には趣ある石碑がひっそりと立つ。

墳頂には小さな鳥居がある。長い間、集落を見守り、人々に寄り添ってきたような穏やかな風情が漂う。

那須国の礎を固めた立役者の墓?

88 駒形大塚古墳《こまがたおおつかこふん》

上侍塚古墳、下侍塚古墳（Ｐ１５８〜）を考える上で重要と篠原さんが話してくれた、県内最古の前方後方墳が、目の前にある。

思ったより小さく感じる。墳頂に鳥居と祠があって、どこかのんびりと集落の中に溶け込んでいるような古墳だ。しかし、歴史的にはかなり興味深いものがある。

ここが初代の司令長官のお墓？

「おそらくですが、太平洋岸の内陸部を開発するための北の辺境の司令長官的な地位の人物だと思われます。この地を選んで古墳を築造したのは、この人物が太平洋から那珂川を遡ってきたとき、支流の権津川《ごんづがわ》との合流地点が、大阪湾から大和川経由で彼の故郷の奈良に向かう風景に似ていたからかもしれませんね」

篠原さんが「県立なす風土記資料館」（現「那珂川町なす風土記の丘資料館」）の館長をしていたとき、関西の古墳に詳しい国立博物館の先

後方部の墳頂に小さな祠と鳥居がある。

生が訪れて、駒形大塚古墳の土器を見て、いきなり「270年の土器だね」と言ったことがあったそうだ。
「卑弥呼が亡くなったのは、たしか、248年頃。この被葬者が那須の地に赴任した年齢を考えると、もしかして卑弥呼の時代に畿内で育った人物かもしれないと思い、もうびっくりしました。おそらくですが、卑弥呼の後を継いだ宗女台与《とよ》の時代に派遣された人物かもしれません。駒形大塚古墳の主が、那須の地を治めたために、今日の那須は東北地方でなく、関東地方に含まれているわけです」
　とくにこの古墳から出土した画文帯四獣鏡は中国で製造されたもので、国産より価値が上だったという。中国からのダイレクトな舶来品を持っている人というのは、ちょっと特別な感じがする。

参道の階段があるので墳頂に登りやすい。

駒形大塚古墳

- 前方後方墳
- 墳丘長約60.5m
- 3世紀後半
- 那珂川町小川
- 国指定史跡

平成14(2002)年12月「那須小川古墳群」として、吉田温泉神社古墳群、那須八幡塚古墳群とともに一括して国の史跡に指定された。

那須の古代文化に深く触れる

那珂川町なす風土記の丘資料館

なかがわまちなすふどきのおかしりょうかん

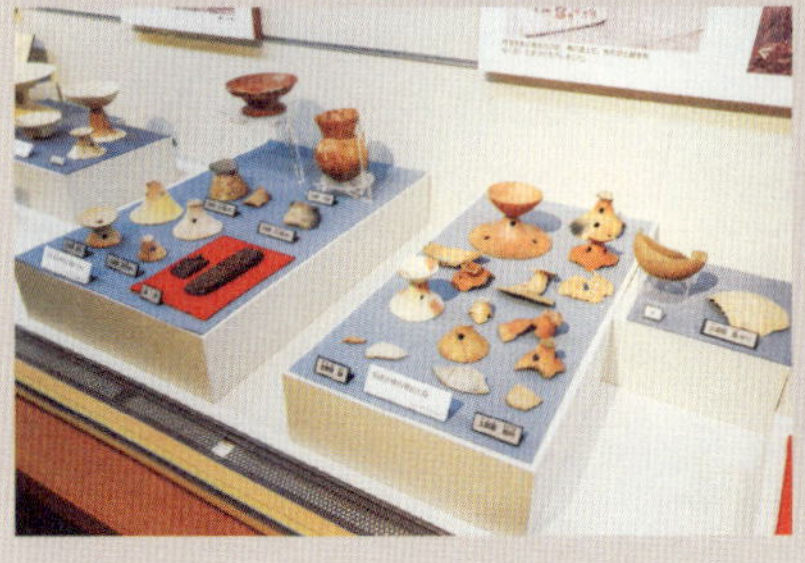

栃木でもっとも古い時期に築造された駒形大塚古墳の出土品をはじめ、奈良時代の那須郡の役所である那須官衙（かんが）遺跡の資料展示など町内の貴重な遺物や資料を公開。常設展では周辺の地形や文化遺産の分布を紹介し、縄文時代から奈良・平安時代に至る5つのテーマに沿って、実物の資料や復元模型、映像などで那須の歴史を紹介している。

- 那珂川町小川3789

0287-96-3366　入館料／大人100円
開館時間／9:30～17:00（入館は～16:30）
休館／月曜（祝日の場合は開館）、祝日の翌日（土・日曜の場合は開館）、年末年始

KOFUN MORE in TOCHIGI

古墳のあとにちょっと寄り道〜栃木〜

写真提供：(公社)栃木県観光物産協会

日光《にっこう》

ココは外せない！
関東有数の観光地

江戸時代からの多くの参拝客が訪れて賑わいを見せる徳川家康と家光の廟地である日光東照宮をはじめ、豊かな自然に恵まれ、写真の中禅寺湖や華厳の滝、二荒山神社、日光山輪王寺など人気スポットも満載。

●日光市

那須高原《なすこうげん》

古代から王族たちの
リゾートだった？

雄大な那須連山がそびえ、山麓地帯には舒明2年（西暦630年）に開湯という歴史ある那須温泉郷がある。御用邸があることからロイヤルリゾートとしても知られており、多種多様なレジャー施設が点在する人気エリアだ。

●那須町

宇都宮餃子®《うつのみやぎょうざ》

各店の個性を楽しみつつ、
餃子で食い倒れ

餃子の街として、多くの人に親しまれている宇都宮。宇都宮餃子会には、現在約90店舗が加盟。焼、揚、水などの種類があり、店ごとに大きさや素材、皮の厚さや焼き加減、つけだれが変わる。餃子の食べ比べも楽しい。

●宇都宮市

なぜ「前方後円墳」という呼び名に？

前方後円墳という呼び名はとても不思議だ。地図などで表すとき、ほぼ後円部が上、前方部が下になっていることが多い。それなら「前円後方墳」でもいいのでは?とつい考えてしまう。

じつはこの名称を使うようになったのは、近世になってからだ。

時は江戸時代。明和5（1768）年、宇都宮に生まれた蒲生君平は、若い頃より勉学に勤しみ、古墳の調査に着手する。そして、関西で「山陵」と呼ばれていた天皇の墓（陵墓）を丹念に調査して『山陵志』を完成させた。

「古墳はどうしてこんなかたちをしているんだろう?」と考えた君平は、ふと、前方後円墳のかたちが「宮車《きゅうしゃ》」と呼ばれる中国の皇帝が亡くなったときに用いる特別な車に似ていることに気づいた。

「古墳を横にしてみると、車を引く四角い部分と皇帝を乗せる丸い部分によく似ている。あの世に行く霊柩車をかたどったものかもしれない」

そう考えた君平は、「前方後円墳」という名前を考え出した。それが現在まで使われているのだ。まさしく「前方後円墳」という呼び名の生みの親といえる。

+古墳豆知識

日本の発掘調査の始まりは栃木から?

日本で最初の発掘調査といわれているのが、栃木県の上侍塚古墳、下侍塚古墳の調査だ。この発掘調査はTVドラマの『水戸黄門』でも知られる水戸藩主・徳川光圀公が行わせたという。鏡、玉類、鉄製品などが出土したらしいが、光圀公はそれらの出土品を図絵として記録に残し、出土した品々を松板の箱に納めて、埋め戻した。純粋に学術的な目的で行ったもので、文化財保護まで考えた発掘調査といえる。栃木はまさに日本考古学発祥の地なのだ。

BARAKI

茨城の古墳

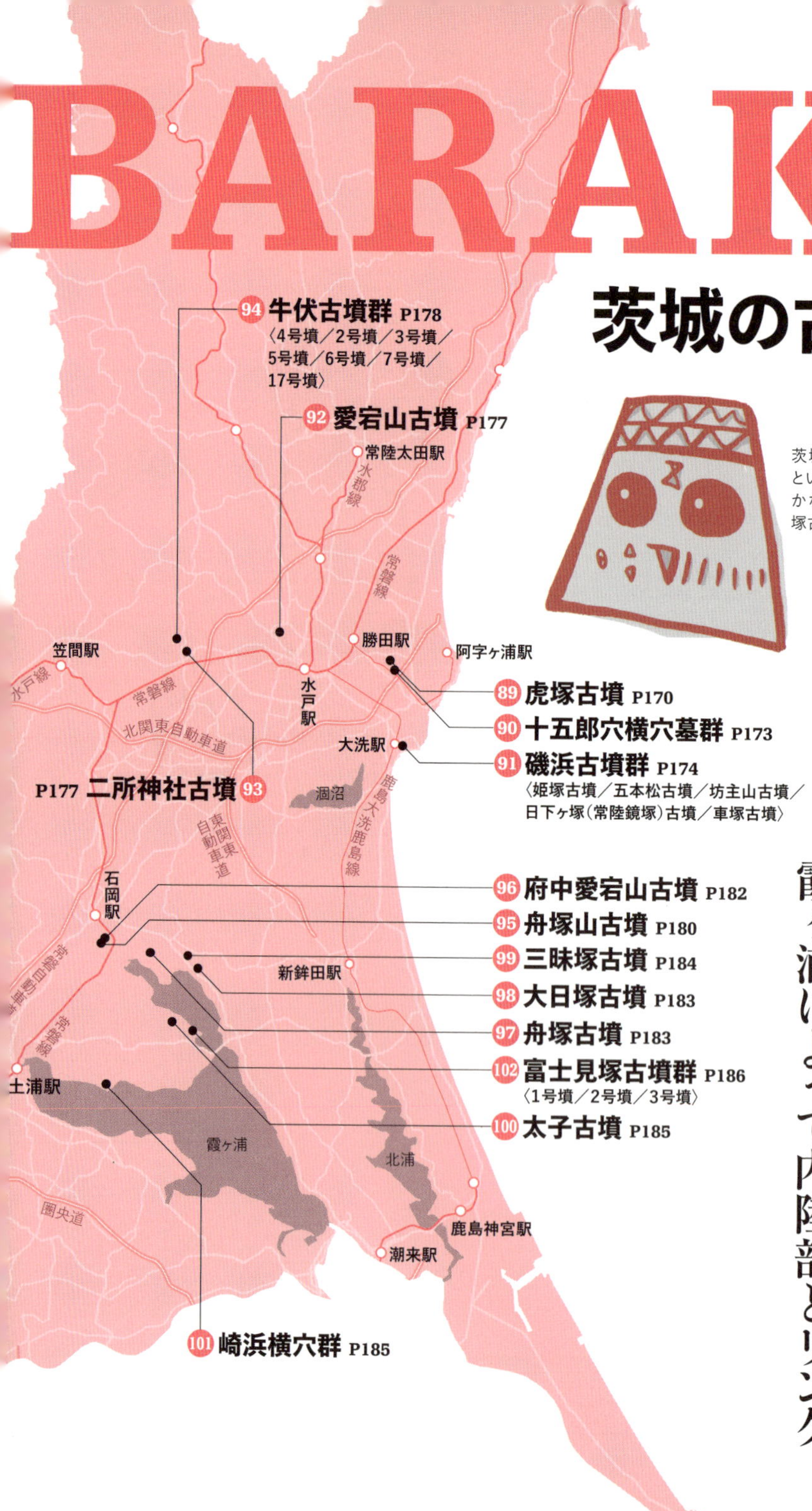

茨城の代表的古墳といえばココ！ 鮮やかな装飾が残る虎塚古墳。

北関東の海の玄関口。霞ヶ浦によって内陸部とリンク

I

奈良時代に編纂された『常陸国《ひたちのくに》風土記《ふどき》』では、茨城は「常世の国《とこよのくに》」と書いてありますが、山がほとんどなく、平野が広く、交通の便も良く、災害も少なく、人が暮らしやすかったことから、古くから発展していたと考えられます。肥沃な土地が多く、豊富な作物に恵まれ、霞ヶ浦を利用した水運もあって裕福な支配層が現れ、それがさまざまな古墳築造に繋がっていったのでしょう。金の冠などリッチな副葬品がザクザク出土した古墳や、霞ヶ浦の景色を一望にできる古墳、遠く筑波山をまっすぐに望むおおらかな古墳など、魅力的な古墳が数多くあります。現代では魅力度ランキング最下位とされがちな茨城ですが、当時のヤマト王権にとっては、茨城は東国での魅力度No.1のエリアだったのではないでしょうか（笑）。必見の装飾古墳、虎塚古墳は春と秋に石室を公開しますよ。

●茨城エリア ナビゲーター
ひたちなか市
埋蔵文化財調査センター
稲田健一《いなだけんいち》さん

古墳の何が面白いのか？
と聞かれれば、とにかく、直に古墳時代を
体験（冒険）できることに尽きます。
とくに横穴式石室に入れば、そこはまさしく
タイムスリップの世界。レプリカでもなく、
CGでもなく、ほんものを体感できること。
他の時代や遺構では、この体験はほとんど
できないですから、古代を実感するのなら、
ぜひ、古墳に来てください！

おすすめ1日コース

- 常陸那珂有料道路ひたちなかIC
  - 🚗 5分
- **ひたちなか市 埋蔵文化財調査センター**
  - 🚶 1分
- **虎塚古墳**（鮮やかな装飾模様に感動！）
  - 🚶 5分
- **十五郎穴横穴墓群**
  - 🚗 30分
- **日下ヶ塚**（常陸鏡塚）**古墳・車塚古墳**（磯浜古墳群）（シーサイド古墳を満喫）
  - 🚗 30分
- **茨城県立歴史館**（埴輪の見応えあり！）
  - 🚗 20分
- **牛伏古墳群**（古墳群と不思議なモニュメント）
  - 🚗 5分
- 常磐自動車道水戸IC

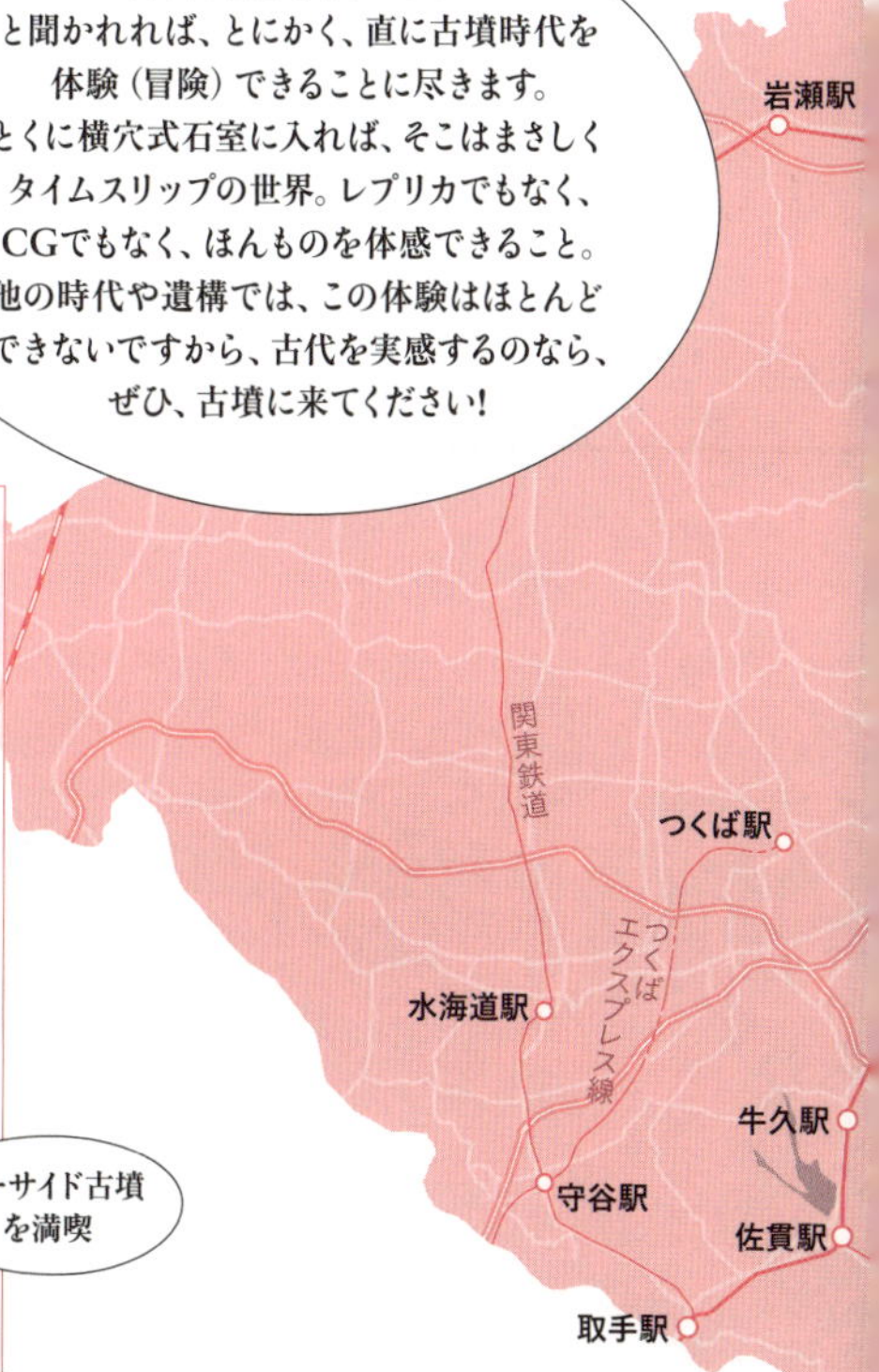

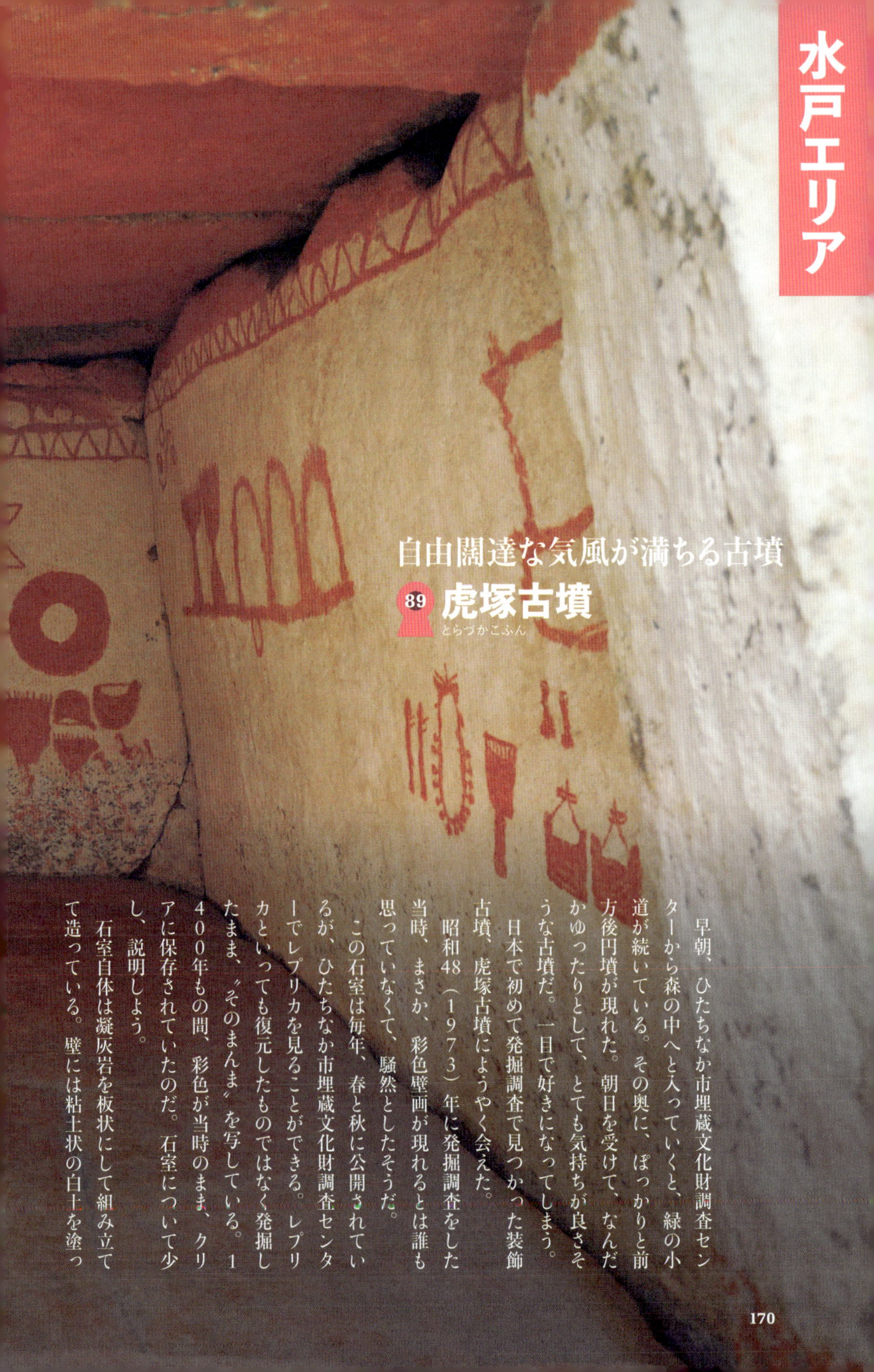

自由闊達な気風が満ちる古墳

89 虎塚古墳《とらづかこふん》

早朝、ひたちなか市埋蔵文化財調査センターから森の中へと入っていくと、緑の小道が続いている。その奥に、ぽっかりと前方後円墳が現れた。朝日を受けて、なんだかゆったりとして、とても気持ちが良さそうな古墳だ。一目で好きになってしまう。

日本で初めて発掘調査で見つかった装飾古墳、虎塚古墳にようやく会えた。

昭和48（1973）年に発掘調査をした当時、まさか、彩色壁画が現れるとは誰も思っていなくて、騒然としたそうだ。

この石室は毎年、春と秋に公開されているが、ひたちなか市埋蔵文化財調査センターでレプリカを見ることができる。レプリカといっても復元したものではなく発掘したまま、〝そのまま〟を写している。1400年もの間、彩色が当時のまま、クリアに保存されていたのだ。石室について少し、説明しよう。

石室自体は凝灰岩を板状にして組み立てて造っている。壁には粘土状の白土を塗っ

白い壁をキャンバスのようにして、大胆な構図で描かれた石室内の絵。どんな人がどんな思いで描いたのだろうか。

石室見学用の入り口。石室の温度や湿度は密閉することによって一定に保たれている。なんと石室内からは人骨も見つかっている。その骨は当時の発掘調査の研究者たちが骨壺に入れて古墳内に再び埋葬したという。この古墳は、現代もなお機能しているお墓なのだ。

て白壁にし、そこにベンガラを使って、鮮やかな赤の模様をくっきりと描いている。奥壁には太いドーナツ状の円が2つ、三角形を組み合わせた模様や砂時計のようなもの、ストライプ状のものなどが描かれ、側壁にも円や模様がはっきりと見て取れる。

「丸いドーナツ状のものは、いろいろな説がありますが、やっぱり太陽じゃないかと僕は考えています。この墓室を明るく照らすような、明るい黄泉の国のようなイメージですね」とナビゲーターの稲田さん。

他の絵は、弓や矢筒、馬具、刀、首飾りなどを表しているのではないかという。興味深いのは、こういった装飾古墳は畿内にはないということ。九州の次に多いのが、茨城、福島、宮城あたりだそうだ。もしかすると「装飾古墳連合」みたいなものがあったのだろうか？

「しかもこの彩色の技法が、ただ赤を塗っているのではなくて、細い線刻で枠を描いてから塗り絵のように中を塗るんです。これがまさしく熊本の装飾古墳によく見られる技法なんです」

熊本から技術者が直接やってきて指導を

した？ 外形はヤマトルールに従っているように見せて、内部は自由気ままにお好みで？ なんて自由！ なんておおらかなんだろう。古墳の持つ雰囲気とまさに合致するではないか（妄想レベルで）。

「お墓って、その人のアイデンティティそのものを表現するものじゃないですか。もしかすると、ヤマト王権にすべては従わないぞという心の奥底の抵抗が表れているのかもしれませんね」

　ヤマトルールに従いつつ、前方後円墳を造りながらも、ソウルフルな部分ではいうことを聞くもんか！ という気概と誇り。海に面して、霞ヶ浦も活用して、当時重要だった水運を掌握していた茨城の支配者たちは、財力と権力、そしてブレない自己主張に裏打ちされた自由闊達な気質があったのかもしれない。

　墳丘に登るとくびれがくっきりと美しく、なかなかグラマラスな古墳だ。陽が高くなり、全面に朝日を受けて、保存のために植えたツツジの朝露のせいだろうか、きらきらと輝いて見える。

　いいなあ…！ ますますこの古墳が気に入ってしまった。

古墳の周囲はすっきりと掃き清められ、あたり一帯に気持ちのいい空気が流れている。「中根ときわ会」という地元の人たちがいつも清掃をしてくれているのだそうだ。ゴミひとつなく美しい古墳は、地元の人々に大切に愛されていることがわかる。

虎塚古墳

- 前方後円墳
- 墳丘長56.5m
- 7世紀初め
- ひたちなか市中根3494-1
- 国指定史跡

※毎年、春と秋に石室を公開。

前方後円墳自体がすでに畿内で造られなくなった時期に築造された古墳で、埴輪も葺石もなかった。

レプリカでも石室の美しさに感動！

ひたちなか市埋蔵文化財調査センター

ひたちなかしまいぞうぶんかざいちょうさせんたー

　ひたちなか市内の古代の人々の生活の跡や土器等の遺物などを展示・公開している。虎塚古墳の石室壁画のレプリカや出土品のほか、大平古墳群最大の前方後円墳から出土した「乳飲み児を抱く埴輪」も展示している。顔はハート型、頭には島田髷が載り、櫛が表現されており、乳児を両手で抱きかかえる造形は全国的に非常に珍しい。

- ひたちなか市中根3499

029-276-8311　入館料／無料
開館時間／9:00〜17:00（入館は〜16:30）
休館／月曜（祝日、振替休日の場合は翌日）、年末年始

一見、不気味でも心優しいのです

90 十五郎穴横穴墓群《じゅうごろうあなよこあなぼぐん》

虎塚古墳からまた細い小道をさらに歩いていくと、十五郎穴という横穴墓群に到着する。昼間見ても、くり抜かれた墓穴が人の目や口のように見えてドキッとしてしまう。

「虎塚古墳の石室と同じ凝灰岩をくり抜いて横穴墓にしているんです。7世紀から9世紀前半にかけて使われていて、一番古い横穴で、虎塚古墳と同時期か、その直後ぐらいに造られています。興味深いのが、横穴墓というのは九州が発祥といわれているんですよ」

お、先ほどの虎塚古墳の壁画も九州から技術が伝播したんですよね？

「そうです。だから虎塚古墳との関係も考証しないといけないですね」

現在、見学できるエリアには40基ぐらいの穴が開いているが、横に1㎞ぐらいの範囲に500基ぐらい穴があるのが、ここ10年ぐらいの調査でわかってきたという。

「東日本でこれほど大規模なものはほとんどないので、東日本最大級と最近はいうようにしています」

日が差し込むと冬でも中は暖かく、太平洋戦争中は焼け出された人々が暮らしていた時期もあるそうだ。墓域として、家の代わりとして、脈々と人々の暮らしに隣り合い、寄り添ってきたのか。

そう思うと最初の不気味さが和らいで、心優しき古墳に思えてくる。

最寄りのひたちなか海浜鉄道湊線の駅にはユニークな看板が…。

十五郎穴横穴墓群

- 古墳時代末期～平安時代
- ひたちなか市中根3490-1
- 県指定史跡

台地のヘリに沿って、柔らかな凝灰岩を掘って、約1kmにわたって横穴墓が築かれている。

太平洋を見晴るかす王墓の丘

91 磯浜古墳群《いそはまこふんぐん》

車塚古墳《くるまつかこふん》

雄大な太平洋を望む海辺の町、大洗。海を見下ろす高台に磯浜古墳群がある。5基の古墳から成る、まさしく海辺の古墳だ。最初に訪れたのが最近、新発見された五本松古墳である。

「現在、発掘中でまだ謎が多いのですが、周溝らしきものがわかってきていて、墳丘長40mほどの前方後方墳ではないかといわれています。埴輪は出ていなくて、刷毛目を入れた壺の破片などから、おそらく3世紀後半〜4世紀初めの頃と考えられます。5基の古墳の中でもっとも小さい姫塚古墳がもっとも古く、その次に築造されたと考えられます」

磯浜古墳群

那珂川と涸沼（ひぬま）水系、外洋に挟まれた高台に3世紀中頃〜4世紀にかけて築造された古墳群。現在、5基の古墳が残っている。

5基の古墳は離れすぎず、少し空間を空けて、姫塚古墳、五本松古墳、坊主山古墳、日下ヶ塚（常陸鏡塚）古墳、車塚古墳の順で築造されてきた。このあたりのエリアを治めていたリーダー一族の古墳群と考えられている。

「近くに涸沼川《ひぬまがわ》という川が流れていて、霞ヶ浦から物資を水上交通で運ぶとき、この川を通ってこなければいけません。その水上ルートの重要な場所を掌握していた一族かもしれませんね」

五本松古墳 ごほんまつこふん

現代でもまだ新しく古墳が発見されるというのは、今後、新たな発見も期待できるし、ちょっとワクワクしてくる。

すぐ近くの姫塚古墳は、墳丘長が30mほどの小さな古墳だ。絵本のような風景で、古墳自体は名前にふさわしく、愛らしい姫君のような印象を受ける。

3番目に築造された坊主山古墳は、民家の横をすり抜けるように墳丘の入り口がある。なかなか急勾配で、登りきるとかなりの高さがある。初期の頃の古墳らしく前方部がぐんと低くなって、くびれもくっきりと見える。5基の中ではもっとも綺麗なフォルムを保っているそうだ。

「海に面した東側が急な崖になっているんですよ。海側を意識して崖っぷちに築造された古墳なんでしょうね」

今は鬱蒼とした竹藪が広がっているが、当時、海からやってきた人は、ダイレクトにこの古墳が見えたことだろう。

4番目に築造された日下ヶ塚（常陸鏡塚）古墳は、太平洋がよく見えて、もっともシーサイド感がある古墳だ。墳丘長約１０３mの前方後円墳で4世紀中頃に築造されたものだが、水戸藩の海防陣屋跡があり、そのときに古墳が削られた可能性が高い。確かに墳丘がかなり崩れていて少し痛々しい感じがする。でも木々の間から大洗港や大洗マリンタワーが見えて、眺望は抜群だ。

「この古墳からは埴輪はもちろん、玉類、

姫塚古墳 ひめづかこふん

変形四獣鏡や内行花文鏡《ないこうかもんきょう》といった鏡、勾玉や管玉、鉄製品など4000点もの副葬品が出土しているんですよ」

4000点！とは、なんとリッチな古墳だろう。古墳の大きさといい、4代目あたりから力をぐぐっと伸ばしたのだろうか？

最後に築造された車塚古墳は、見上げるように大きい。4世紀後半の築造で、直径約88m、全国でもトップ10に入る大型の円墳だ。

三段築成でテラスらしきものがちゃんと見えるし、とにかく高いし、デカい。

墳頂に到達すると木々の間から海が見え隠れする。海風を感じながらあたりを見回すと、気持ちが広々と開放されていくようだ。

「この頃、地方の豪族にはヤマト王権から前方後円墳を造ることが制限されていた時代で、もしかするとこの被葬者も許可をもらえないから、だったら実力を示してやろうという気持ちで、大きな円墳を造ったのかもしれませんね」

5代目は、なかなか負けん気の強い人物だったのかもしれない。水上ネットワークで力を蓄えた一族の、まさに力の象徴としての古墳群。

誇り高き地域の王族の墓は、海辺のランドマークとして、訪れる者を威圧していたのだろう。

坊主山古墳 ぼちゃのやまこふん

日下ヶ塚（常陸鏡塚）古墳 ひさげづか（ひたちかがみづか）こふん

姫塚古墳
●前方後方墳●墳丘長30m●3世紀中頃
●大洗町磯浜町3511

後方部が削り取られて、墳丘は大きく変形している。土器類が多く出土した。

五本松古墳
●前方後方墳?●墳丘長40m?
●3世紀後半〜4世紀初め
●大洗町磯浜町2886

埴輪は並べていないが、刷毛目を入れた壺や底部穿孔壺の破片が見つかっている。

坊主山古墳
●前方後円墳●墳丘長約63m
●4世紀前半〜中頃
●大洗町磯浜町3546-B1

前方部〜後円部の東側の斜面から壺形埴輪片や透かし孔を持つ円筒埴輪などが発見されている。

日下ヶ塚（常陸鏡塚）古墳
●前方後円墳●墳丘長約103m
●4世紀中頃
●大洗町磯浜町2865-8●県指定史跡

後円部墳頂の埋葬施設の調査で、粘土で覆われた木棺の存在がわかった。

車塚古墳
●円墳●直径約88m●4世紀後半
●大洗町磯浜町2883-1●県指定史跡

墳丘に平坦な面が見つかり、埴輪列を並べていたと考えられている。

慕われ系の前方後円墳
92 愛宕山古墳
あたごやまこふん

古墳そのものが神社の境内になっているせいか、聖域といった雰囲気が漂う。「この古墳のすぐ下を那珂川が流れていて、おそらく物資を下ろす船着場があったのでしょう。少し西に行くと後の東海道があり、陸の大動脈とも繋がっていた要所を治める、有力な支配者の墓と考えられます」

今はすっかり小高い丘の神社に見えてしまうが、地元の人の信仰を集めることでしっかりと守られている古墳なのだ。

愛宕山古墳
- 前方後円墳
- 墳丘長約140m
- 5世紀初め
- 水戸市愛宕町2132〜2134
- 国指定史跡

段築のある墳丘、長く延びる前方部など築造当時の姿をよく残している。大型の円筒埴輪が出土している。

謎めいた雰囲気が漂う
93 二所神社古墳
にしょじんじゃこふん

二所神社という古式ゆかしい神社の境内が古墳だというが、墳丘が崩れていてよくわからない。神社の裏側に回ってみると、後円部の円いカーブや墳丘のくびれらしきものがわかる。

「7世紀初め頃の築造当時、このあたり一帯の仲国《なかのくに》を支配する国造がいて、古墳の大きさから国造との関係も興味深いですね」

律令国家に向けて着々とこの国が固まっていく頃の重要な人物が眠っていたのだろうか。

二所神社古墳
- 前方後円墳
- 墳丘長約85m
- 7世紀初め
- 水戸市大足町稲荷前455

謎の多い古墳だが、参道から境内に向かうと急な盛り上がりが感じられ、墳丘面がよくわかる。

埴輪や古墳の副葬品が充実
茨城県立歴史館
いばらきけんりつれきしかん

茨城県の遺跡や歴史に関する資料を収蔵・展示している。古墳時代の遺物としては舟塚古墳の埴輪や三昧塚古墳から出土した金銅製馬形飾付冠（国指定重要文化財）などがある。埴輪などの実物の展示も入れ替えで行っている。また一橋徳川家に関する資料展示も充実。敷地内には移築された江戸時代の農家建築や明治時代の洋風校舎などがある。

- 水戸市緑町2-1-15

029-225-4425　入館料／大人160円（常設展）
開館時間／9:30〜17:00（入館は〜16:30）
休館／月曜（祝日、振替休日の場合は翌日）、年末年始

サプライズあり!な 古墳のファミリーパーク

94 牛伏古墳群《うしぶしこふんぐん》

牛伏古墳群は、前方後円墳6基、帆立貝形古墳1基、円墳8基、不明1基が、ごく狭い範囲に集中している古墳群だ。一帯は「くれふしの里古墳公園」として整備されている。

駐車場からすぐのところにひとつ目の前方後円墳が見えている。

「この4号墳は発掘調査をしていて、円筒埴輪などが見つかっています」

再現古墳として埴輪列が並び、墳丘に登ることができる。

この古墳群は4世紀にはじまり、5世紀後半から6世紀を中心に築造され、7世紀まで続いたといわれている。古墳は台地上に造られており、その裾野の低地では農耕が盛んで、さらに霞ヶ浦からくる道筋と涸沼川を遡ってきたあたりが交差していて、交通の要所としても発展したらしい。水運を通じて、茨城の南と北の地域で活発な往来があったのかもしれない。

牛伏古墳群

●水戸市牛伏町201-2「くれふしの里古墳公園」内

4世紀～7世紀にかけて築造された古墳群。中でも前方後円墳の密度が非常に高く、こんな特徴を持つ古墳群は県内でも類を見ない。

17号墳

「支配者たちは肥沃な土地での農耕と、物資の流通を掌握して、富と力を得たのではないでしょうか」

その支配層の古墳がこの台地上に数多く点在しているそうだが、とにかく園内を歩くほどに古墳にぶつかるのだ。

ポコポコポコと隆起が続き、小さな前方後円墳などが現れると、なんだかとても可愛らしくて、嬉しくなってくる。

小さくても、円墳ではなく、前方後円墳を造るのは、ステイタスが高かったからだろうか？

「それはあるかもしれませんね。ヤマト王権からギリギリ、前方後円墳築造の許可をもらって、滑り込みで造ったのかもしれませんよ（笑）」

ラストにもっとも古い時期に築造された17号墳を目指して、広場に出た途端、愕然としてしまった。

見上げるほど高いモニュメント、はに丸タワーが忽然と姿を現したのだ。いやもう、ダイレクト、というか、そのまんまというか…！古墳公園に17・3mもの巨大埴輪タワーという、単純明快な組み合わせはもう、あっぱれとしか言いようがない。

フウフウ言いながらタワー内の階段を登って、最上階の展望台へ。古墳群や緑の丘陵地がずっと続く風景をかなり〝上から目線〟で楽しめる。

古代の支配者たちはこれほどの高さから睥睨していなかっただろうけれど、この地を開拓して掌中に収め、小さくても前方後円墳にこだわった一族のプライドの高さの理由が、ほんの少しわかるような気がした。

このタワーは、同じ町内の杉崎地区コロニー古墳群から出土した埴輪をモデルにしていて、自称「日本一」の埴輪らしい。いや、まちがいなく日本一だろう。

しかし、恐れ入りました…！

一度は実物を見てほしい「日本一」の埴輪。

2号墳

3号墳

5号墳

6号墳

7号墳

4号墳
●前方後円墳●墳丘長52m
●6世紀後半

2号墳
●前方後円墳●墳丘長45m

3号墳
●前方後円墳●墳丘長44m

5号墳
●円墳●直径約28m

6号墳
●帆立貝形古墳●墳丘長30m

7号墳
●円墳●直径約18m

17号墳
●前方後円墳●墳丘長約60m
●4世紀頃
※4号墳と17号墳以外は未調査のため、築造時期は不明

田園の中の小道を歩いていくと、いきなり、巨大な動物がゆったり寝そべっているような、あるいは巨大船舶が停泊しているような、雄大な、なんともおおらかな古墳が現れた。周りの田園風景との調和もいいし、木が数本、生えている姿もとてもいい。とにかく大きい…！

舟塚山古墳は茨城県内で最大かつ、関東第2位の大きさを誇る前方後円墳だ。どこから見ても遮るものがなく、双丘のかたち、くびれもよくわかる。

墳丘の裾から30～40mほどのところに農道がある。それが堤だという。もし周溝に水が溜まっていたら、墳丘を映し出して、さらに美しい風景だろう。でも、登れるほうがずっといい。

「一重ではありますが、これだけの幅広の周溝を有し、大王墓というのにふさわしいですね」

古墳から見渡す景色が、被葬者が治めていた土地の特色を語ってくれることがある。

関東第2位。堂々たる勇姿に心ときめく

95 舟塚山古墳《ふなつかやまこふん》

墳丘のしなやかな稜線は、今にも動き出しそうな、脈々と温かな血が流れていそうな雰囲気がある。

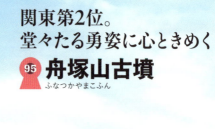

被葬者が何を思い、何を見ていたのか？眼前の景色に思いを馳せるとイメージがどんどん膨らんでくる。それがまた楽しいのだ。

この古墳がとくに素晴らしい点は、遠くに筑波山、そして、さらに南東方向に霞ヶ浦が見えるということだろう。

「筑波山はおそらく古代からご神体のように崇められていた山だと思います。実際、古代の祭祀跡が見つかっています。そして霞ヶ浦は何といっても水運の源。近くに後の東海道が走り、恋瀬川《こいせがわ》という川が霞ヶ浦に注ぐ、このあたりは、ちょうどそういう場所で、まさに水上交通と陸上交通の結節点ですね」

水陸の物資の移動を掌握し、巨大な富を得た王者は、神宿る山を見晴るかす場所に古墳を造ったのだろう。

周囲には円墳が点在していたようで、巨大王墓に対する陪塚のような存在だった可能性がある。

やはり、ここは絶対的な王者の墓。強く、力ある者こそ多くを語らない。気力に満ちて、品格さえ感じさせる見事な古墳だ。

周溝の幅すらも壮大なスケール！

舟塚山古墳

●前方後円墳●墳丘長186m
●5世紀初め●石岡市北根本597
●国指定史跡

墳丘は三段築成。周溝も含めた全長は250mにもおよび、圧巻の巨大古墳だ。

舟塚山古墳ゆかりの被葬者かも？

96 府中愛宕山古墳《ふちゅうあたごやまこふん》

雄大な舟塚山古墳から道路を渡って少し歩いたところに、墳丘長96mの前方後円墳がある。

「舟塚山古墳に比べると小さく感じますが、なかなか立派な古墳ですよ」

面白いことにほぼ隣接している2基の古墳で前方部と後円部の位置が真逆なのだという。古墳を船に見立てて、入り船出船という関係ではないか？という説もあるという。

霞ヶ浦にも近く、古代から水の都として栄えたエリアなら、さもありなんという気もする。

古市古墳群の応神天皇陵古墳と類似しているかたちというのも、興味深い。土師氏あたりの設計士が、遥か東国まで設計図を持ってやってきたのだろうか？という妄想も浮かんでくる。

ぐるりと周囲を囲む周溝はほぼネギ畑になっていて、ネギの植え方が斜めにリズミカルな模様をつくり出して、こんもりした古墳との対比がとても面白い。

「前方部が削られて寸足らずな感じもありますが、おそらく、舟塚山古墳の被葬者と関係の深い人物の古墳だと考えられます」

霞ヶ浦に船を乗りだすかたちと捉えて、出船ともいわれているが、今にも海に漕ぎだしそうなパワーを秘めているように感じる。

なだらかな稜線が美しい。

府中愛宕山古墳

- 前方後円墳
- 墳丘長96m
- 6世紀初め
- 石岡市北根本694
- 県指定史跡

明治30(1897)年頃の発掘調査で土師器7個が出土したという。主体部については不明。

家族に大切に守られてきた古墳

97 舟塚古墳《ふなつかこふん》

古墳の地主さんに出会うという忘れがたい経験をしたのが、舟塚古墳だ。訪れたとき、所有者の山内芳江さんは枝や落ち葉を焚き火にして燃やしていた。

古墳を持っているってどんな感じなんでしょう？と思わず尋ねると、穏やかな笑みを浮かべて、「嫁いだ家にすでに古墳がありましたので」と控えめに答えてくれた。先代もご主人も勉強熱心で、古墳のことを調べるうちに、多くの研究者が調査に来るようになった。家族でこの大きな古墳を掃除して、大切に守ってきてくれたのだ。墳丘はぐんと盛り上がっていて、登るとくびれがくっきりとわかり、なんと造出しまである！ ほんとうに綺麗な古墳だ。

「大事に大事にされてきた古墳ということがわかりますね」

並大抵のことでは個人で古墳は守れない。これからもどうか守り続けてほしいと心から願った。

古墳を守る山内芳江さん。

舟塚古墳

- 前方後円墳
- 墳丘長74m
- 6世紀前半
- 小美玉市上玉里1181

墳頂には調査に来た明治大学名誉教授の大塚初重（はつしげ）氏が古墳名を記した石碑が立ち、石棺の天井石が残っている。※個人所有のため、基本的に外から見学を。

国の重文のアノ埴輪が出土！

98 大日塚古墳《だいにちづかこふん》

体をねじって、背負っている子猿を見ているという国の重要文化財「猿の埴輪」が出土した大日塚古墳。草ぼうぼうで、木々が鬱蒼と生えている。藪をかき分け入っていくと、緑がかった筑波石の横穴式石室が残っている。

「小さな造出しがあっておそらく帆立貝形古墳ではないかといわれています」

ぽつんと猿田彦を祀る石碑が立っていて、猿の埴輪との不思議な縁を感じる。

大日塚古墳

- 帆立貝形古墳
- 墳丘長35m
- 6世紀後半
- 行方市沖洲

開口している石室は、横穴式石室の玄室ということが判明。奥壁、両側の壁、天井石が厚さ約20cmの筑波石の一枚岩で構成されている。

遠く畿内から来た貴人が眠っていた？

99 三昧塚古墳《さんまいづかこふん》

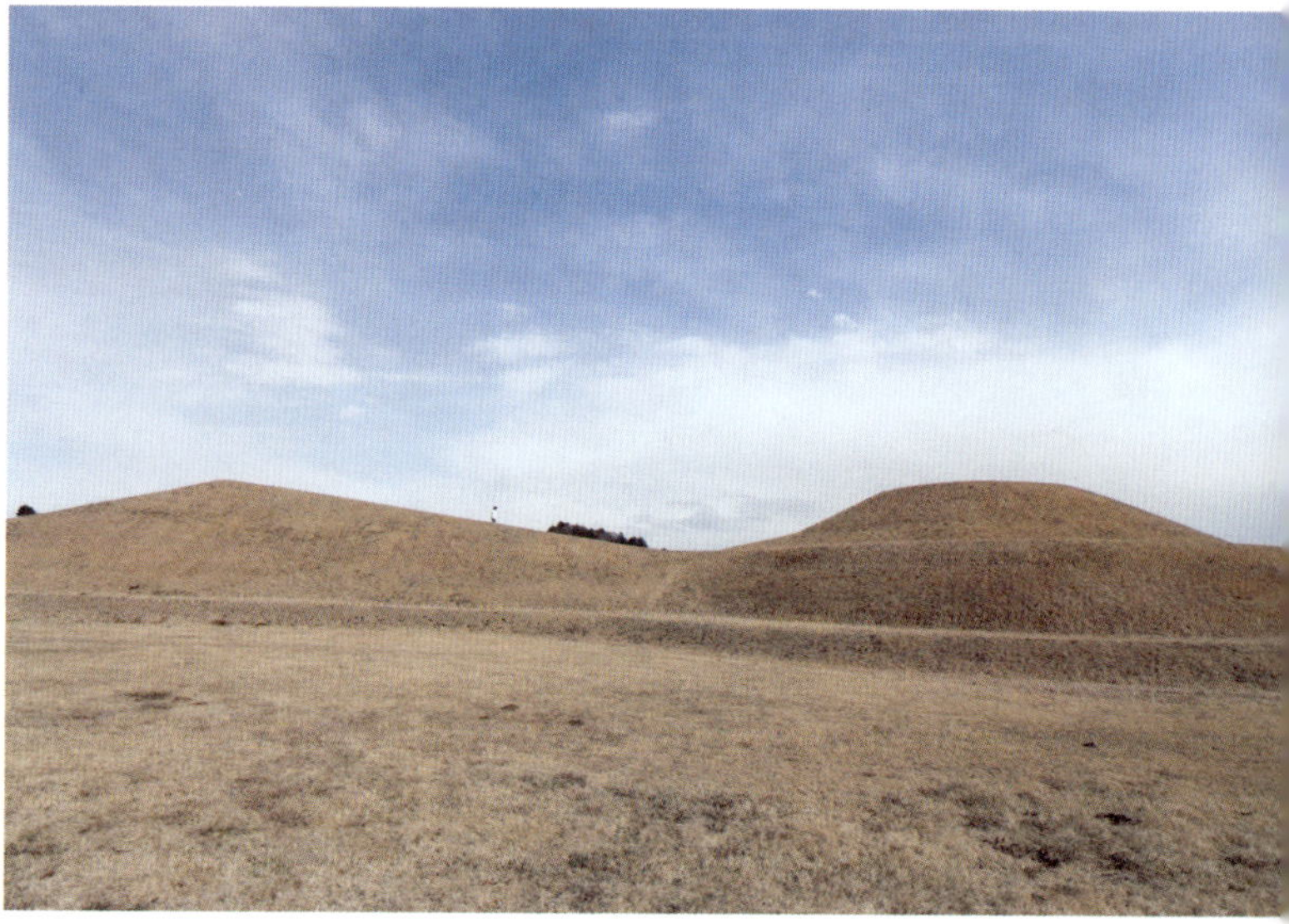

国道355号線を車で走っていると、いきなり、三昧塚古墳が現れる。

「霞ヶ浦エリアには、舟塚山古墳から始まって、6世紀を一大ピークとして、ごろごろと古墳が造られているんです」

おお、霞ヶ浦水運バブル？

「確かにそうですね（笑）」

後円部の墳頂下には竪穴式の箱式石棺が置かれ、人骨とともに美しい金銅製の冠や耳飾り、腕輪、玉、櫛などが出土した。

そもそもこの古墳は、霞ヶ浦の堤防工事の土取りを行っているときに、埴輪がたくさん出土したのが発掘調査の始まりだという。偶然とはいえ、ものすごいお宝がザクザク出てきて、これは凄い古墳では？となり、その後の保存に繋がったそうだ。

「不思議なのが、丘陵地がすぐそこに見えるのに、この古墳は低地に築造されていることなんです。一般的に古墳は高台に造られるんですが…」

ふーむ、もしかして特別な人、地元の豪族ではなく、畿内から送り込まれた貴人、王族に繋がる人とか…？

「その可能性も十分ありますよ」

おお、推理するのもなかなか楽しい。

墳丘に登ると、目の前は霞ヶ浦がさらに美しく見渡せる。筑波山が姿を見せて、ほんとうに綺麗な景色だ。お宝とともに眠っていた貴人とは誰か？謎は謎のままのほうがいいのかな。雄大な景色を見ているとそんなふうに思えた。

発掘時の埋葬施設を描いた墳頂のパネル

三昧塚古墳

- 前方後円墳
- 墳丘長85m
- 5世紀末
- 行方市沖洲
- 市指定史跡

後円部墳頂下に箱式石棺が置かれ、足を伸ばしたかたちで遺骸が埋葬されていた。

ここにもあった！ 装飾古墳

100 太子古墳《たいしこふん》

民家の敷地に食い込むように石室だけが見える。墳丘は完全に崩れているがもとは前方後円墳だったという。

石室にはやや緑がかった石が使われているが、これはやはり筑波石？

「そうそう、このあたりの石室は徹底的に筑波石を使っているんです」

石室に入って驚いた。なんと装飾古墳だというのだ。稲田さんが示すあたりに目を凝らすと、微かに赤い線が見える。

「それが円紋で、あと矢印のような模様も描かれているんです」

確かに、円も矢印も見える！ 石室の奥には石棺があり、2体の遺体が見つかっているそうだが、虎塚古墳と同じく、九州とゆかりの深い人物なのだろうか。

太子古墳

- 前方後円墳
- 墳丘長不明
- 6世紀末
- 横穴式石室／全長3.86m 玄室幅1.3m 高さ1.35m
- かすみがうら市安食734-1
- 県指定史跡

石室からは2名の遺体に加えて、銀環、刀子、須恵器などが出土した。

ごじゃごじゃと牡蠣が怖い！

101 崎浜横穴群《さきはまよこあなぐん》

「ここはなかなかびっくりしますよ」。稲田さんに言われていたが、ほんとうにびっくりした。全体に白くてごじゃごじゃした横穴墓は、なんと13万年も前の、牡蠣がコロニーになって化石化した地層に造られていて、どこもかしこも牡蠣だらけ。中に入ってさらに驚いた。高い！ 天井がドーム状になっていて、2mもの高さがある。

「茨城の県南には横穴墓が非常に少なく、霞ヶ浦に唯一、2ヶ所あるうちのひとつです。千葉には横穴墓が多く、その影響を受けているのかもしれません」

霞ヶ浦で水運や漁業に携わっていた一族の墓なのだろうか。中にいると、牡蠣がごじゃごじゃと今にも動き出しそうに思える。身が詰まっていると聞くと余計、怖い。早々に退出した。

崎浜横穴群

- 横穴墓
- 幅約30m／17基
- 7世紀
- かすみがうら市加茂782-1
- 市指定史跡

びっしりと牡蠣殻層が重なっているが、これは貝塚ではなく、自然がつくり出す貝の層だ。霞ヶ浦がかつて海だったことを示している。

霞ヶ浦バブルの絶景古墳群

102 富士見塚古墳群

ふじみづかこふんぐん

富士見塚古墳群

●かすみがうら市柏崎1553-3

5基の古墳から構成される古墳群。出土した円筒埴輪に波を表したとされる独特の線刻があるものが見つかっている。

富士見塚古墳公園・展示館の裏手の丘に登っていくと、ああ、エッジがキリッと立ったカッコいい古墳が現れた。

5基からなる富士見塚古墳群の中でもっとも大きな1号墳だ。堂々たる前方後円墳で綺麗に整備されている。

高い！見上げるような高さがある。登れる古墳はすべて登る！が基本なのでとにかく登ってみる。おお、霞ヶ浦がすぐそこに見えて、遠くに筑波山、そしてなんと富士山まで見えるではないか。

だから富士見塚？

「そうです、絶景古墳なんですよ」

湖に沿って切り立った地形の上に、さらに高さのある古墳を造る。対岸にはお宝満載の三昧塚古墳があるが、霞ヶ浦のバブル全盛期の覇権を分けたよきライバル関係だったとか？

「ちょっと競い合っていたかもしれませんね（笑）」

先方はお宝で、こちらは高さで。2人の有力者がいつもどちらが上か？で競い合っていたとしたら面白い。

1号墳のすぐ横には、ポコポコと2号墳、

● 2号墳

● 3号墳

3号墳の円墳が続く。

「3基の古墳の主軸（古墳の向き）がまっすぐに通っているでしょう？」

ああ、ほんとうだ。こういうときに古墳時代の人々の土木技術の正確さに惚れ惚れしてしまう。

2号墳は直径34m、3号墳は少し小さくなって直径が27mほど。3号墳からは中を赤く塗った石棺が見つかっている。女性の被葬者ではないかといわれているそうだ。隣接する展示館で見ることができる、目が少し寄っている可愛い馬の埴輪が出土しているが、おしゃれで可愛い女性のイメージが湧いてくる。初代の1号墳から100年ぐらい後の築造というから、ひ孫娘ぐらい？曽祖父に溺愛された賢く美しい跡取りの令嬢がいたのかもしれない（妄想です）。

4～5号墳は奥の林の中に隠れてしまっているそうだが、このあたりを山歩きしていると、もしかすると群集墳の中の円墳などをぽこっと発見してしまうかも？そんな妄想も楽しめる。

1号墳
●前方後円墳●墳丘長80m●5世紀末～6世紀初め●県指定史跡

2号墳
●円墳●直径34m●5世紀末～6世紀初め●県指定史跡

3号墳
●円墳●直径27m●6世紀後半●県指定史跡

バラエティ豊かな埴輪が揃う！

富士見塚古墳公園・展示館

ふじみづかこふんこうえん・てんじかん

富士見塚古墳群から出土した埴輪や装飾品、武具、馬具などを展示。鹿や小猿、波状の模様が入った円筒埴輪など珍しい埴輪にも出会える。ほかに田伏為都南（たぶせいづな）遺跡の住居跡から出土した土器や石器なども展示。古墳を実際に見ながらすぐ近くの施設で、その古墳からの出土品を見る楽しさは格別だ。

●かすみがうら市柏崎358-1
☎029-896-0174　入館料／無料
開館時間／9:00～16:30
休館／月曜（祝日、振替休日の場合は翌日）、年末年始

KOFUN MORE in IBARAKI

古墳のあとにちょっと寄り道～茨城～

写真提供：(一社)茨城県観光物産協会

霞ヶ浦《かすみがうら》

霞ヶ浦観光と古墳巡りをセットで楽しむ

湖面積国内第2位の湖。夏は観光帆引き船が行き来し、冬には渡り鳥が飛来する。ワカサギ、コイ、ハゼ、最近はブラックバスなどが生息し釣り場としても人気。古墳時代から水運の要として栄え、周辺に多くの古墳がある。

●土浦市、かすみがうら市、行方市、小美玉市他

水戸偕楽園《みとかいらくえん》

優れた藩主の思いを今も感じる名庭園

金沢の兼六園、岡山の後楽園と並ぶ「日本三名園」のひとつ。水戸藩第九代藩主徳川斉昭によって造園された。園内には約3,000本の梅が植えられ、梅の名所として有名。四季折々、眼下の千波湖と共に望む風景は絶景だ。

●水戸市常磐市1-3-3

あんこう鍋

寒い茨城の冬はコレに限ります!

茨城の冬の味覚、あんこう。淡白で上品な味わいは「東のアンコウ 西のフグ」と並び称される。シーズンは11月～3月で、肝が肥大する12月～2月がベスト。七つ道具と呼ばれる各部位とたっぷりの野菜、スープでいただく。

●北茨城市、日立市、ひたちなか市、大洗町、水戸市

古墳用語辞典

【前方後円墳】 ぜんぽうこうえんふん

円墳と方墳が合わさったもので、2つの墳丘を擁する古墳。日本の古墳を代表する墳形といえる。上から見たときに鍵穴のように見える。

【周溝】 しゅうこう

古墳の周囲を巡る濠。関東では水がない空濠も多い。古墳を築造するときに周りの土を掘って盛り上げるが、その掘った後の溝が周溝をかたちづくったといわれている。

【副葬品】 ふくそうひん

古墳の石室、石棺に被葬者に添えて埋葬された品々。鏡、大刀、玉類、そのほかの装飾品、武器、武具、馬具などもある。

【墳丘】 ふんきゅう

古墳本体のこと。周溝は含まない。

【墳丘長】 ふんきゅうちょう

前方後円墳・帆立貝形古墳の長さ。縦と横で測り、長いほうを墳丘長とする。円墳の場合は直径、方墳の場合は一辺の長さで表す。

【石室】 せきしつ

古墳の内部の施設で、上部に開口する竪穴式石室と横に開口する横穴式石室がある。6世紀頃から横穴式石室が主流になってくる。

【横穴式石室の「袖部（袖）」】

横穴式石室は遺体を安置する玄室とそこに続く羨道（せんどう）があり、その接するあたりを袖部という。袖部の形式は、羨道から玄室に入ったところで左右に広がっているものを「両袖型（両袖式）」、左右どちらかに広がっているものを「片袖型（片袖式）」、羨道と玄室が同じ幅のものを「無袖型（無袖式）」という。

【葺石】 ふきいし

古墳の墳丘を覆っていた石で、川原石などが使われた。葺石を施している古墳と、施していない古墳がある。

【造出し】 つくりだし

墳丘の裾に設けられた方形のスペース。ここに埴輪や土器を並べ、葬送の祭祀を行ったと考えられている。

【ヤマト王権】 やまとおうけん

4～5世紀にヤマト（奈良県）を中心に強い支配力を持った勢力の中心となる政治組織。そのトップが大王で、その後の天皇でもある。

【畿内】 きない

ヤマト王権を中心とした、現在の奈良・大阪・京都南部とその周辺を含んだ地域。

【国造】 くにのみやつこ

6世紀前半以後の古墳時代後期に、ヤマト王権から任命されて派遣されたか、または地方の豪族の中から任命されてその地方を統治した者。

【突帯】 とったい

埴輪の文様が段として残ったもの。条で数えるが2～7条があり、数が多いほど古墳の格が高い。

【陪塚】 ばいちょう

「従者の墓」といわれ、大きな古墳に付随する小さな古墳を指す。

おわりに

関東の古墳には、誇り高く、静かに燃える東国魂《とうごくだましい》がぎゅっと詰まっていました。

関西の古墳ガイドブック『ザ・古墳群～百舌鳥と古市 全89基（１４０Ｂ発行）』に続いて、関東の古墳ガイドブックを書かせてもらうことになって、古墳好きとして、こんなに幸せなことはないと思っています。

関西（畿内）と関東の古墳のちがいは、まず、大きさ、スケールという点では、仁徳天皇陵古墳（国内第1位）や応神天皇陵古墳（同第2位）、履中天皇陵古墳（同第3位）のトップ3を押さえる関西に軍配が上がります。

しかし！ 関東の古墳は、墳丘に登れて、石室に入れて、登ったり降りたり、出たり入ったり、スペクタクルな楽しみが満載で、アトラクション度では、関東が勝るのではないかと思います。また、埴輪のバラエティの豊かさといい、クオリティの高さといい、これも圧倒的に関東の方が面白い！ のです（あくまで個人的な感想です）。

この本の取材で関東の１０２の古墳と古墳群を巡りましたが、巡るほどに感じたのは、「東国魂」でした。ヤマト王権と手を結んだ東国のリーダーたちは、前方後円墳の築造法はヤマトルールに従ってはいても、石室内の石積みを自由なドット柄にしたり、派手な模様を描いてみたり、線刻画を彫ってみたり。外国紳士のようなあご髭のおじさんや乳飲み子を抱える女性などのユニークな埴輪をつくったり、かなり自由自在。

「すべて１００％、ヤマトルールには従わないゾ！」という、東国のリーダーたちの、誇り高い気概と東国魂の底力を大いに感じることができました。

古墳はいつも静かに佇んでいますが訪ねていけば、きっと何かのメッセージを発信してくれます。受けとめ方はその人の自由。想像と妄想の翼をバサバサと広げて、関東の古墳を思い切り楽しんでみてください。

最後になりましたが、関東の古墳に導いてくださり、学びを与えてくださった７人の心強い古墳ナビゲーター、寺田良喜さん（東京）、山田琴子さん（埼玉）、白井久美子さん（千葉）、柏木善治さん（神奈川）、徳江秀夫さん（群馬）、篠原祐一さん（栃木）、稲田健一さん（茨城）に、心より感謝いたします。

日帰り古墳推進委員会　古墳ライター　郡　麻江

取材協力（掲載順）

世田谷区教育委員会事務局、埼玉県立さきたま史跡の博物館、千葉県立房総のむら、（公財）かながわ考古学財団、群馬県立歴史博物館、（公財）とちぎ未来づくり財団栃木県埋蔵文化財センター、（公財）ひたちなか市生活・文化・スポーツ公社ひたちなか市埋蔵文化財調査センター

協力（掲載順）

●東京都
各市区町村教育委員会、柴又八幡神社、葛飾区郷土と天文の博物館、多摩川台公園古墳展示室、等々力不動尊、世田谷区立郷土資料館、国立天文台、調布市郷土博物館、国史跡武蔵府中熊野神社古墳展示館、熊野神社、（公財）東京観光財団

●埼玉県
各市町村教育委員会、小見真観寺、行田市郷土博物館、永明寺、熊野神社、本庄市立歴史民俗資料館、東松山市埋蔵文化財センター、埼玉県観光課、（一社）埼玉県物産観光協会

●千葉県
各市町村教育委員会、姉崎神社、芝山はにわ博物館（芝山仁王尊・観音教寺）、木更津市郷土博物館 金のすず、龍角寺、（公社）千葉県観光物産協会

●神奈川県
各市町村教育委員会、相模国三之宮比々多神社、三之宮郷土博物館、桜土手古墳展示館、大磯町郷土資料館、（公社）神奈川県観光協会

●群馬県
各市町村教育委員会、かみつけの里博物館、高崎市観音塚考古資料館、前橋市総社歴史資料館、吉岡町文化財センター、群馬県埋蔵文化財調査センター・発掘情報館、大室はにわ館、相川考古館、宗永寺、藤岡歴史館、円福寺、大泉町文化むら埋蔵文化財展示室、（公財）群馬県観光物産国際協会

●栃木県
各市町村教育委員会、国史跡摩利支天塚・琵琶塚古墳資料館、しもつけ風土記の丘、壬生町立歴史民俗資料館、大田原市なす風土記の丘湯津上資料館、那珂川町なす風土記の丘資料館、（公社）栃木県観光物産協会、宇都宮餃子会

●茨城県
各市町村教育委員会、二所神社、茨城県立歴史館、富士見塚古墳公園・展示館、（一社）茨城県観光物産協会

都心から行ける
日帰り古墳
関東1都6県の古墳と古墳群102

日帰り古墳推進委員会 編

2019年11月8日　初版発行

企画編集・取材・執筆 ……… 郡 麻江
写真 ……… 阪口 克
イラスト ……… あおみかん
デザイン ……… 山﨑慎太郎
地図制作 ……… アトリエ・プラン
校閲・校正 ……… 谷田和夫　東京出版サービスセンター
編集補佐 ……… 松田 恵　西岡裕美
編集 ……… 森 摩耶　金城琉南（ワニブックス）

発行者 ……… 横内正昭
編集人 ……… 青柳有紀
発行所 ……… 株式会社ワニブックス
〒150-8482 東京都渋谷区恵比寿4-4-9 えびす大黒ビル
電話 03-5449-2711（代表）／03-5449-2716（編集部）
ワニブックスHP http://www.wani.co.jp/
WANI BOOKOUT http://www.wanibookout.com/

印刷所 ……… 株式会社 光邦
製本所 ……… ナショナル製本

 ISBN978-4-8470-9855-0

本書に掲載されている情報は2019年10月現在のものです。
情報は変更となる場合がございます。